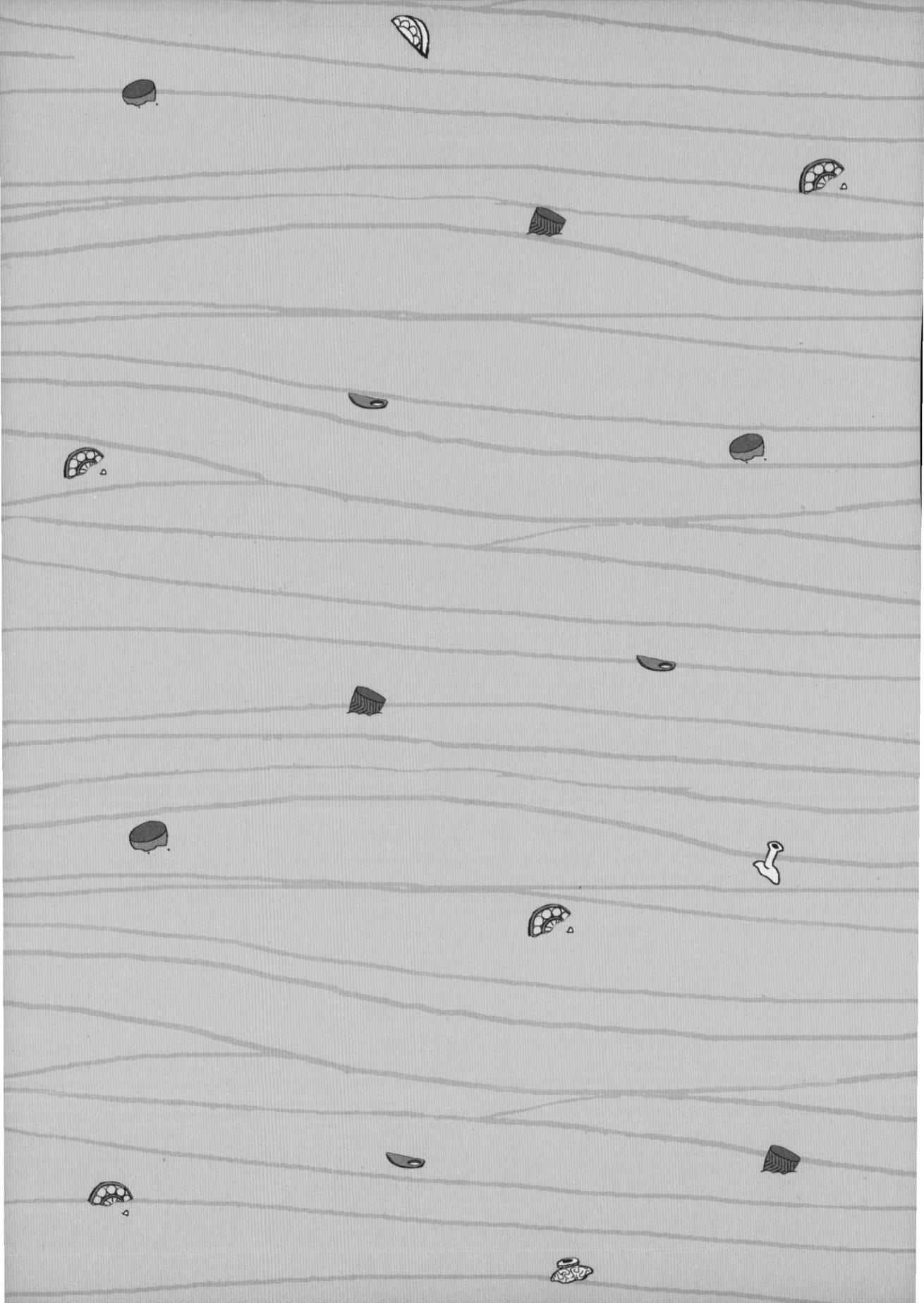

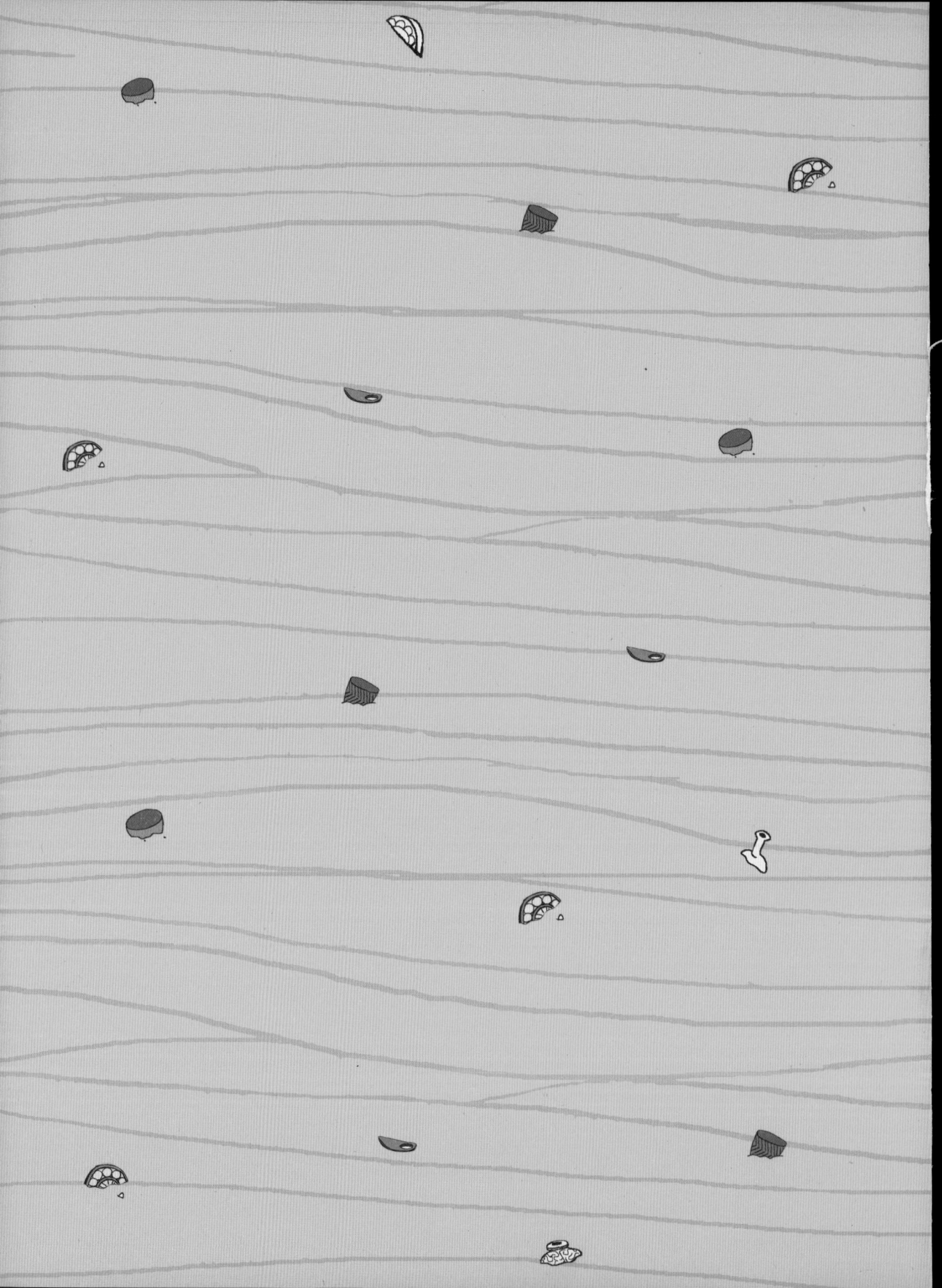

고고학 생생 노트
땅에서 찾고 바다에서 건진
우리역사

맞춤법과 띄어쓰기는 국립국어원의 〈표준국어대사전〉을 기준으로 하였습니다.
외국 인명과 지명은 국립국어원의 '외래어 표기 용례 자료집'을 따르되
나오지 않는 것은 현지 발음에 가깝게 표기하였습니다.

땅에서 찾고 바다에서 건진 우리 역사

고고학 생생 노트

김영숙 글 송진욱 그림

책과함께어린이

머리말

시대와 공간을 넘나드는
고고학의 세계 속으로

　옛날 사람들의 삶의 흔적을 찾아다니는 사람들이 있어. 어떤 집에서 살았는지, 어떤 옷을 입었는지, 무엇을 어떻게 먹었는지, 어떻게 사랑하고 다투었는지, 무엇을 소중하고 아름답게 여겼는지, 삶의 터전을 지키기 위해 벌였던 전쟁은 어떠했는지 등등 우리보다 앞선 사람들이 살았던 모습을 찾아내지. 옛날이라면 100년 전일 수도 있고, 조선 시대나 고려 시대, 혹은 더 먼 옛날 동굴에서 살며 돌로 동물을 사냥하던 시절일 수도 있어.

　그렇게 오래된 흔적을 어떻게 찾느냐고? 물론 쉽지 않지. 하지만 공중으로 사라져 버린 게 아니라면 가능성이 아예 없는 건 아니란다. 땅속 깊은 곳 어딘가에 묻혀 있든, 바닷속 어딘가에 침몰했든 그 어딘가에 흔적이 남아 있기만 하다면 찾아나서는 사람들이 있으니까. 그리고 정말로 그것들을 찾아내곤 하지. 그들이 대체 누구냐고? 바로 고고학자야.

　책이나 영화에서 보았거나 어디선가 얘기를 들은 적이 있을지도 모르겠구나. 이야기 속에 나오는 고고학자는 종종 정글이나 사막, 미지의 어딘가에서 진귀한 보물을 찾아내는 인물로 그려지곤 해.

　실제 고고학자들은 보물이 아니라 우리 동네, 우리 아파트와 같이 옛사람들이 살았던 집과 터전에서 그들의 흔적을 찾아낸단다. 그것이 곧 우리 땅의 역사이고 조상들의 문화니까.

이처럼 고고학자들이 옛사람들의 흔적을 찾아내는 걸 발굴이라고 해. 이 책에는 열세 가지 발굴 이야기를 담았어. 얼마나 오래전인지 가늠이 어려운 구석기 시대부터 몇백 년 전 조선 시대에 이르는 시간을 보여 주는 다양한 유적과 유물을 발굴한 이야기야.

　미군 병사의 발에 걸린 주먹도끼, 엄청난 홍수로 인해 드러난 유적, 선사 시대 쓰레기 매립장, 일본인들의 억지 주장을 무너뜨린 거푸집, 베일을 벗은 한성 백제의 왕성, 진흙 속에 파묻힌 백제의 금동대향로, 하룻밤에 끝난 무령왕릉 발굴, 고구려 군사들의 흔적이 남은 보루, 거대한 무덤 황남대총의 수수께끼, 철강 왕국 가야를 보여 준 무덤, 바다에서 건져 낸 보물선의 정체, 전 세계를 울린 원이 엄마의 한글 편지, 미라가 되어 다시 만난 두 여인 등 흥미진진한 발굴 이야기가 가득해.

　이 이야기들을 좇아가다 보면 어느새 고고학이 무엇인지, 발굴은 왜, 어떻게 하는 것인지 알게 될 거야. 그리고 역사는 그저 먼 옛날 누군가의 이야기가 아니라 지금, 여기에 우리를 있게 한 과정이란 걸 이해하게 될 거야.

　자, 이제 고고학자가 되어 영화보다 극적이고, 만화보다 훨~씬 더 재미있는 고고학 여행을 떠나보자. 고고~!

지은이 김영숙

차례

머리말 4

전곡리 주먹도끼
구석기 시대에 맥가이버 칼이 있었다고? 8
발굴노트 | 돌·청동·철, 시대를 움직인 유물의 재료 12
발굴노트 | 발굴은 어떻게 이루어질까? 18

암사동 선사 주거지
한강 대홍수가 깨운 암사동의 시간 터널 20
발굴노트 | 빗살무늬 토기에서 신석기 시대의 생활을 읽다 27

동삼동 패총
오래된 쓰레기 더미 속에 선사 시대 문화가 있다! 28
발굴노트 | 유물의 나이를 알아내는 방사성 탄소 연대 측정법 39

갈동 세형동검 거푸집
청동기 시대에 공장이 있었다고? 40
발굴노트 | 유물도 족보에 따라 품격이 달라진다 49

풍납동 토성
잃어버린 백제의 왕성을 되찾다 50
발굴노트 | 풍납토성이 왕성이란 걸 어떻게 알 수 있을까? 58

백제 금동대향로
진흙 속에 잠든 백제의 용이 깨어나다 60
발굴노트 | 몇백 년을 지난 금동대향로, 어떻게 녹슬지 않았을까? 68

무령왕릉
하룻밤 만에 열린 고대사의 블랙박스 70
발굴노트 | 무령왕릉을 되살리다 83

> 아차산 보루

한강을 지킨 고구려의 최전방 요새 84
발굴노트 | 고구려군의 보루, 고구려인의 생활상을 보여 주다 92

> 황남대총

왕비에게 금관을 양보한 신라왕은 누구일까? 94
발굴노트 | 금관이 나왔는데도 왕릉으로 불리지 않는 이유 99
발굴노트 | 황남대총의 주인은 대체 누구일까? 102

> 복천동 고분군

무덤 속 철갑옷, 임나일본부설을 잠재우다 105
발굴노트 | 철기에 숨겨진 철강 왕국의 비결을 알아내다 113

> 신안 보물선

바닷속 타임캡슐을 발굴하다 114
발굴노트 | 바닷속에서의 발굴, 어떻게 이루어질까? 124

> 이응태 무덤 한글 편지

원이 엄마의 한글 편지, 세계를 울리다 126
발굴노트 | 껴묻거리, 시간을 초월하는 단서 137

> 회곽묘 미라

미라가 되어 다시 만난 두 여인 138
발굴노트 | 역사를 고스란히 품은 미라, 어떻게 만들어질까? 146

사진 자료 제공 148
찾아보기 150

전곡리 주먹도끼

구석기 시대에
맥가이버 칼이 있었다고?

경기도 연천군의 작은 마을 전곡리에서 세계 고고학계를 뒤흔든 사건이 일어났어.
각국의 고고학자들은 물론이고 전 세계 언론이 한반도의 전곡리를 주목했지.
구석기 시대에 사용하던 주먹도끼가 발견되었거든!
주먹도끼? 구석기? 이것들이 대체 무엇이기에 세계가 놀랐을까?

'주먹도끼'를 들고 나타난 미군 병사

전곡리 발굴은 그야말로 '사건'이었어. 한국의 고고학계는 물론이고 세계 고고학계의 판세를 뒤집었거든! 대체 무슨 대단한 유물이 발견되었기에 이 난리냐고? 세계를 깜짝 놀라게 한 발굴이란 말에 투탕카멘의 무덤이나 트로이, 진시황릉 등의 거대한 발굴을 떠올리고 있는 친구들도 있을지 모르겠다. 그럼 이쯤에서 사건의 주인공을 공개해 볼까?

자, 바로 이거야!

전곡리에서 발굴된 주먹도끼.
둥근 부분을 손에 쥐고 사용한다.

이 작은 돌멩이가 바로 전곡리를 세계적인 유적으로 알린 유물이야. 이 유물의 이름은 바로 주먹도끼. 무심코 보면 그냥 돌멩이 같지만, 한 번 더 관찰하면 특징이 있다는 걸 알 수 있어. 한쪽은 둥글고 다른 한쪽은 뾰족한 것이 물방울 모양을 닮았지. 주먹도끼라는 이름은 주먹에 꼭 쥐고 사용하던 도끼라서 붙여진 거야.

누군가는 '달랑 이거?'라며 실망했을 수도 있겠지? 딱 보기에도 크고 화려한 유물을 기대했다면 주먹도끼는 초라해 보일 수밖에 없지. 사실 여기저기 굴러다니는 예사 돌멩이와 크게 다를 바 없어 보이잖아? 하지만 막상 이런 모양의 돌멩이를 찾기란 거의 불가능해. 주먹도끼는 자연 상태에서 우연히 만들어진 게 아니라, 목적을 가지고 사람이 만든 '도구'거든.

이런 차이를 발견하는 건 무척 어려운 일이야. 그런데 전곡리에 굴러다니던 이 주먹도끼를 알아봐 준 사람이 있었어. 그의 이름은 그렉 보웬. 당시 경기도 동두천 미군 기지에서 기상 예보를 담당하고 있던 미군 병사였지. 그렉 보웬은 경기도 전곡리의 한탄강 근처에서 데이트를 하다가 이 범상치 않은 '물건'을 발견했단다. 한국에 오기 전 미국 애리조나 주립대학에서 고고학을 전공했기 때문에 흔한 돌멩이들 틈에서 귀한 유물을 지나치지 않을 수 있었던 거야. 이런 걸 두고 '아는 만큼 보인다.'고 하는 거겠지?

그렉 보웬은 그길로 당시 서울대학교 박물관장이었던 김원룡 박사를 찾아갔어. 김원룡 박사는 우리나라에 고고인류학을 처음으로 소개하고 제자를 길러 내, '한국 고고학의 아버지'로 불리는 분이야. 전곡리를 세계적인 선사 유적으로 일구고 1993년에 세상을 떠났지.

그렉 보웬은 김원룡 박사를 보자마자 자신이 미국에서 고고학을 공부했다는 간단한 소개와 함께 한 손에 쏙 들어오는 돌멩이 하나를 내밀었어. 김원룡 박사는 돌멩이를 보는 순간 너무 놀라서 말을 잇지 못했다고 해. 한눈에 예사 돌멩이가 아닌 걸 알아차린 거지.

그렉 보웬이 전곡리에서 주운 돌멩이는 바로 구석기 시대를 대표하는 도구인 주먹도끼였어. 아, 구석기 시대가 뭐냐고? 글로 역사를 기록하기 이전의 시대를 '선사 시대'라고 해. 아주 오랜 옛날이지. 고고학자들은 길고 긴 선사 시대를 구석기 시대, 신석기 시대, 청동기 시대로 나누고 있어.

고고학상의 시대를 처음 나눈 사람은 덴마크의 '톰센'이란 고고학자였어. 고고학자이자 박물관장이기도 했던 톰센은 박물관 유물 전시를 어떻게 하면 좋을까 궁리하다 유물을 재료에 따라 구분하면 어떨까 생각했지. 그러고는 돌로 도구를 만들어 사용하던 시기를 석기 시대, 청동으로 도구를 만들어 사용한 시기를 청동기 시대, 철로 도구를 만든 시기를 철기 시대로 구분했어. 이러한 시대 구분을 '톰센의 3시대 구분법'이라고 하는데 인류 역사의 흐름과도 잘 맞아떨어지게 시대를 구분한 유용한 방법이라고 인정을 받았지. 이후 많은 학자들이 톰센의 3시대 구분법을 따랐어. 3시대 구분법이 생기면서 선사 시대에 대한 체계적인 연구도 무척 활발해졌단다.

톰센의 3시대 구분법에 따른 석기 시대는 다시 구석기 시대와 신석기 시대로 구분돼. 구석기 시대는 석기 시대 중에서도 이른 시기야. 이제 막 돌로 도구를 만들어 사용하기 시작한 단계였으니 신석기 시대보다 석기를 만드는 기술도 거칠고 도구의 종류도 다양하지 않았지. 어때, 이제 구석기 시대에 대한 이해가 좀 되었니?

그런데 그렉 보웬이 주먹도끼를 발견하기 전까지 한반도에는 구석기 유적이 없다고 알려졌어. 게다가 주먹도끼는 아시아에서는 한 번도 발견된 적이 없었거든. 그러니 얼마나 놀랐겠니? 없다고 믿었던 구석기 시대의 유물, 그것도 아시아에서 발견된 적 없는 주먹도끼가 우리나라에서 떡 하니 나타났으니 말이야.

그게 그렇게 세계적으로 놀랄 만한 일일까? 주먹도끼가 한반도에 있을 수도 있고, 없을 수도 있는 거 아닌가? 혹시 이런 생각들을 할지도 모르겠구나. 하지만 그게 그렇게 단순한 문제가 아니라는 말씀! 이제 곧 전곡리의 주먹도끼가 왜 그렇게 의미 있는 유물인지 알게 될 거야.

돌·청동·철, 시대를 움직인 유물의 재료

발굴된 유물의 재료에 따라 시대를 세 가지로 구분하는 3시대 구분법은 1836년부터 오랫동안 사용되었단다. 하지만 청동기 시대라고 해서 그때부터 모든 도구를 청동기로 사용했다는 뜻은 아니야. 청동기 시대에도 석기는 꾸준히 많이 사용되었어.

신석기 시대 이때부터는 석기를 좀 더 정교하게 다듬어 사용하기 시작했지. 갈아서 만드는 간석기가 대표적인 석기야.

청동기 시대 청동은 구하기 힘든 귀한 재료였기 때문에 제사장과 같이 신분이 높은 사람들의 의례용 도구로 주로 쓰였어. 청동기 시대에 속하지만 청동을 구하기 힘들어 청동기를 사용하지 못한 지역도 있었지.

구석기 시대 처음으로 돌을 도구로 사용하기 시작했어. 찍개나 주먹도끼 등이 대표적이고 그밖에도 다양한 석기들이 있는데 주로 떼어서 만드는 뗀석기들이야.

철기 시대 예리하고 단단한 철기가 만들어지면서 농사나 물건 제작에도 도움이 되었지만 여러 나라가 전쟁을 치르고 나라를 이루는 데도 영향을 끼쳤지.

아슐리안형 주먹도끼? 무엇에 쓰는 물건인고?

그렉 보웬이 가져온 주먹도끼에 놀란 김원룡 박사는 그길로 프랑스에서 구석기 연구를 마치고 돌아온 제자를 데리고 주먹도끼가 발견된 장소로 달려갔어. 지표 조사를 하기 위해서였지.

지표 조사는 말 그대로 지표, 즉 땅 위를 조사하는 거야. 유물이 땅속에 묻혀 있는지 아닌지를 판단하는 가장 첫 번째 단계는 땅속이 아니라 땅 위에서부터 시작된단다. 땅 위에 드러난 유적이나 유물이 있는지 구석구석 꼼꼼히 찾아보고, 근처에 다른 유적이 있는지, 있다면 어떤 성격의 유적인지, 거기에서는 어떤 유물이 나왔는지 등을 전반적으로 조사하지. 그렇게 해서 발굴할 유적인지 아닌지를 판단하는 거야.

지표 조사에서 뭔가 단서를 찾으면 시범적인 발굴을 하는데, 이것을 '시굴'이라고 해. 유적 곳곳에 여러 개의 구덩이를 일정한 크기로 파거나 유적 일부분을 좁고 길게 파 들어가면서 발굴을 해 보는 거야. 이렇게 유적의 지형이나 상태에 따라 시굴을 해서 유물이 나오는 상황을 보고, 본격적으로 발굴을 할지, 발굴을 한다면 어떻게 할지를 결정해. 일단 땅을 파기 시작하면 발굴이란 것이 유물을 찾는 행위인 동시에 유적을 파괴하는 행위가 되기 때문에 발굴을 할 때에는 차근차근 과정을 밟아서 신중하게 진행해야 한단다. 시작하면 되돌릴 수 없으니까. 마치 엎질러진 물처럼, 땅을 팠다가 다시 덮는다고 그 유적이 본래대로 돌아가는 게 아니잖아.

김원룡 박사 일행의 지표 조사 결과는 놀라웠어. 그렉 보웬이 발견한 것과 유사한 주먹도끼가 전곡리 곳곳에서 여러 개 발견되었거든. 이렇게 발견된 여러 개의 석기를 통해 전곡리의 주먹도끼는 '아슐리안형 주먹도끼'라고 결론이 내려졌어.

아슐리안형 주먹도끼. 말이 좀 어렵지? 하지만 알고 보면 어려운 말이 아니란다. 프랑스의 '생 아슐'이라는 지역에서 처음 발견되었다고 해서 그 지역의 이름이 붙여진 거야. 만약 전곡리에서 처음 발견되었다면 전곡리형 주먹도끼란 이름이 붙었겠지?

아슐리안형 주먹도끼는 약 150만 년 전 아프리카에서 사용하기 시작해 전기 구석기 시대 내내 사용되었어. 전기 구석기 시대는 구석기 시대 중에서도 앞 시기에 해당한다는 말이니까, 아슐리안형 주먹도끼는 정말 아주 오래전에 사용된 도구란 얘기지.

주먹도끼가 출현하기 전, 구석기 시대에 처음 사용한 석기는 '외날찍개'였어. 자갈돌을 깨뜨려 한쪽에 날을 만들어 사용한 간단한 형태의 도구였지. 그 후엔 양쪽에 날을 만든 '양날찍개'를 사용했어. 그러다 찍개보다 더 정밀하게 만든 만능 석기가 등장하는데, 그게 바로 주먹도끼야. 두툼한 자갈돌 한쪽을 여러 면에서 깨뜨려 뾰족하고 날카롭게 만들고, 다른 한쪽은 손으로 쥐기 좋게 살짝 다듬어 만들었지.

주먹도끼는 짐승을 사냥할 때는 물론이고, 사냥한 짐승의 가죽을 벗기고, 나무뿌리를 캐거나, 뼈나 나무를 다듬는 등 여러 용도로 사용된 만능도구였어. 오늘날로 말하면 '맥가이버 칼' 정도 될 거야. 그런데 고고학자들이 직접 주먹도

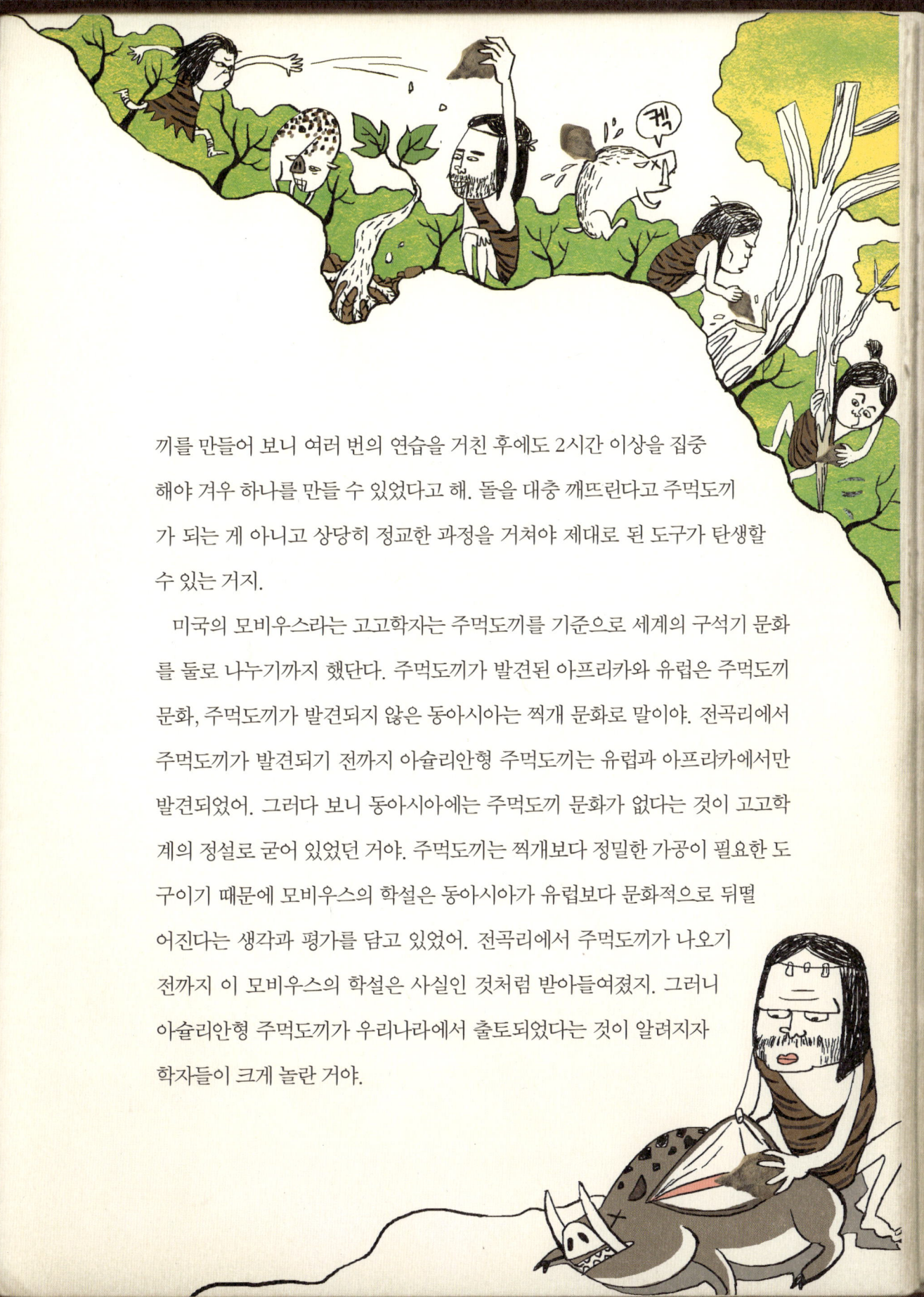

끼를 만들어 보니 여러 번의 연습을 거친 후에도 2시간 이상을 집중해야 겨우 하나를 만들 수 있었다고 해. 돌을 대충 깨뜨린다고 주먹도끼가 되는 게 아니고 상당히 정교한 과정을 거쳐야 제대로 된 도구가 탄생할 수 있는 거지.

미국의 모비우스라는 고고학자는 주먹도끼를 기준으로 세계의 구석기 문화를 둘로 나누기까지 했단다. 주먹도끼가 발견된 아프리카와 유럽은 주먹도끼 문화, 주먹도끼가 발견되지 않은 동아시아는 찍개 문화로 말이야. 전곡리에서 주먹도끼가 발견되기 전까지 아슐리안형 주먹도끼는 유럽과 아프라카에서만 발견되었어. 그러다 보니 동아시아에는 주먹도끼 문화가 없다는 것이 고고학계의 정설로 굳어 있었던 거야. 주먹도끼는 찍개보다 정밀한 가공이 필요한 도구이기 때문에 모비우스의 학설은 동아시아가 유럽보다 문화적으로 뒤떨어진다는 생각과 평가를 담고 있었어. 전곡리에서 주먹도끼가 나오기 전까지 이 모비우스의 학설은 사실인 것처럼 받아들여졌지. 그러니 아슐리안형 주먹도끼가 우리나라에서 출토되었다는 것이 알려지자 학자들이 크게 놀란 거야.

 전곡리, 한국을 넘어 세계적인 구석기 유적으로!

지표 조사를 마치고 본격적으로 전곡리를 발굴하기 위해 발굴단이 꾸려졌단다. 발굴 작업 전체를 지휘하는 발굴단장을 비롯해 고고학자, 지질학자 등 관련된 분야의 전문가들이 모여서 발굴을 함께 진행하는 거지. 여기에는 현장에서의 발굴 작업을 도울 조사원들과 인부들도 여럿 필요해.

발굴을 할 때는 모든 진행 과정을 글과 사진, 그림 등으로 자세하고 정확하게 기록해 남겨야 해. 발굴이 끝난 후에도 유물에 대한 분석과 연구는 계속되어야 하니까. 발굴한 유물은 종류별로 정리해서 깨진 것은 붙이고, 훼손이 심한 것은 복원 과정을 거쳐 그림과 탁본(새겨진 글씨나 그림을 종이에 떠내는 것), 사진 등으로 자료를 남겨두지. 이러한 유물 정리 과정이 끝나면 유물과 유적의 성격을 분석하고, 발굴 작업 전체에 대한 것을 정리해 발굴 보고서를 작성한단다.

전곡리는 1979년부터 최근에 이르기까지 자그마치 30여 년 동안 18차례나 발굴이 진행되었어. 당시 전곡리 발굴에는 우리나라에서 내로라하는 고고학자들이 총출동되었고, 6개의 관련 기관이 함께 발굴에 참여했으니, 발굴단의 인원과 규모만 봐도 얼마나 중요한 발굴이었는지 짐작이 가지? 전곡리에서 찾아낸 유물만 해도 약 8000여 점에 달한단다.

물론 땅을 파고 유물을 찾아내는 것도 중요하지만, 유물을 통해 과거의 역사와 문화를 추적하는 작업이 더 중요하다고 할 수 있어. 그런 의미에서 전곡리 발굴은 쉽지 않았어. 유적이 담고 있는 비밀을 캐내는 게 여간 어려운 게 아니었거든. 특히 전곡리에서 출토된 유물과 유적의 시기에 대한 학자들의 의견은 그야말로 제각각이었어. 심지어 발굴에 함께 참여했던 사람들 사이에서도 의견이 엇갈려 좀처럼 결론이 나지 않았단다.

발굴을 시작하고 4년이 지나도록 국내 학자들의 의견이 모아지지 않자, 결국 국립문화재연구소는 세계적인 구석기 연구 권위자인 미국의 존 데즈먼드 클라크 교수에게 전곡리 유적의 연대를 가늠해 달라는 부탁을 하기에 이르렀어. 클라크 교수는 에티오피아의 아와시 계곡에서 4백만 년 전의 인류 화석을 발견한 것으로도 유명한 사람이야.

한국에 온 클라크 교수는 전곡리의 주먹도끼가 전기 구석기 시대에서도 후기에 해당하는 27만 년에서 26만 년 전 유물일 가능성이 크다고 말했어. 이렇게 해서 전곡리 유적은 구석기 유적으로 세계적인 공인을 받게 된 거야. 비록 국내 학자들에 의해 확인되지 않은 것이 다소 아쉽기는 하지만 말이야.

우연히 눈에 띈 주먹도끼가 우리나라 최초의 구석기 유적을 발견하게 하고, 나아가서는 세계 고고학의 역사를 다시 쓰게 한 위대한 발견으로 이어졌다니! 이제 전곡리의 주먹도끼에 왜 그렇게 온 세계가 들썩였는지, 이해가 되니? 세계 고고학자들이 인정하던 학설을 뒤집게 한 결정적인 유물인데다, 그것으로 인해 전 세계의 문화 지도가 다시 그려지게 되었잖아. 동시에 우리 한반도의 선사 시대의 시작이 그만큼 거슬러 올라가게 되었고 말이지. 신석기 시대보다 훨씬 앞선 전기 구석기 시대부터 한반도에 사람이 살기 시작했다는 것을 증명해 준 거야.

전곡리 유적은 오늘날 세계 고고학자들이 보는 책에 소개되고 있고, 전 세계 고고학자들이 보고 싶어 하는 중요한 유적 가운데 하나로 손꼽히고 있단다.

발굴은 어떻게 이루어질까?

지표 조사
발굴의 첫 단계. 땅 위, 즉 지표에서 유적과 유물의 흔적을 확인하고 주변을 조사하지.

시굴
발굴을 시작하기 전에 유적의 일부분을 시험적으로 발굴해서 상태를 확인하고 유물이 나오는지 살펴봐.

발굴
시굴에서 유물이 나오면 정식 발굴을 시작해. 유적의 지형과 유물 상태에 따라 각기 다른 방법으로 발굴을 진행하지.

유물 정리

발굴에서 나온 유물은 실내로 옮겨 세척, 분류 등 정리 작업을 해. 유물에 번호를 붙이고 깨진 유물을 임시로 붙여 두는 등의 작업도 함께하지.

유물 분석과 복원

발굴은 유물을 찾는 것에서 그치는 것이 아니야. 유물의 비밀을 알아내는 것도 무척 중요해. 유물을 분석하여 언제, 어디서, 누가, 어떻게, 왜 사용했는지, 어떻게 땅에 묻히게 되었는지 등을 알아내 과거의 문화를 살려내지. 또 훼손된 유물은 보존과학실에서 치료하고 본래 모습으로 복원해.

발굴 보고서

발굴의 마무리는 발굴 보고서의 작성! 발굴에 관한 모든 상황과 결과를 발굴 보고서로 작성해야 비로소 발굴의 모든 작업이 마무리 되는 거야.

암사동 선사 주거지

한강 대홍수가 깨운 암사동의 시간 터널

때는 1925년 여름, 역사에 길이 남을 사건 두 가지가 일어났어.
하나는 '을축년 대홍수'로 백과사전에 실릴 만큼 역사상 대단한 위력의 홍수였지.
다른 하나는 바로 그 큰 홍수 덕분에 발견된 한강변에 숨겨져 있던 시간 터널!
시간 터널? 그것이 뭘까? 그 특별한 곳을 발굴하는 과정, 궁금하지?

을축년 대홍수, 시간을 되돌리다

서울 암사동 유적의 선사 주거지를 가 본 적 있니? 짚으로 엮은 움집, 가죽을 대충 걸쳐 입은 원시인 모형들, 다양한 석기 등이 그 시대의 생활상을 엿볼 수 있도록 잘 재현되어 있어. 마치 신석기 시대에서 시간이 멈춰 버린 것 같다는 착각이 들 정도로 말이야. 첨단 문명의 혜택을 가장 크게 누리고 있는 도심을 가로지르는 강가에 선사 시대 마을이라니! 왠지 어울리지 않는 조화 같지?

이렇게 서울 한복판에 선사 시대 마을을 꾸미게 된 건 홍수가 불러온 발굴 때문이야. 암사동 유적이 처음 발견된 건 1925년, 일제 강점기였어. 그해 여름에는 유례없는 대홍수가 있었지. 가장 많은 강수량과 가장 긴 장마 기간을 기록해 '을축년 대홍수'라는 이름으로 알려진 엄청났던 물난리야. 한강 주변의 집들이 모두 잠긴 것은 물론이고 강가의 퇴적층도 송두리째 쓸려 나갔어.

그런데 그런 난리 중에 고고학계에는 전혀 예상치 못한 반갑고도 놀라운 일이 일어났지 뭐야. 엄청난 위력의 홍수로 퇴적층이 쓸려 나가고 뒤집히면서 수천 년 동안 묻혀 있었던 암사동의 신석기 시대의 유적이 드러난 거야. 대홍수가 불러온 재앙이 고고학적 발견으로 이어지다니! 웃어야 할지, 울어야 할지……. 어쨌거나 수천 년의 세월을 거슬러 올라가는 신석기 시대의 흔적이 홍수를 통해 드러난 건 하늘의 뜻이 아니었을까?

홍수가 끝나고 암사동 유적을 정식으로 발굴한 사람은 '요코야마'라는 일본인 학자였어. 당시의 보고서에 의하면 그때 한강 주변에 널려 있던 토기 조각만 해도 그 양이 몇 트럭을 채울 정도였다고 해. 정식 발굴을 하기도 전에 그 정도였으니, 암사동 유적의 규모가 어느 정도였을지 짐작할 수 있지.

　발굴을 해 보니 신석기 시대의 토기와 석기 등이 많이 출토되었고, 당시의 생활상을 짐작할 수 있는 집터도 확인되었어. 하지만 이 유물들 대부분은 요코야마 교수를 비롯해 유물에 각별한 관심이 있는 일본인들의 손으로 들어가고 말았어.

　일제 강점기, 식민지 상황의 아픔은 고고학의 역사에도 그대로 묻어난 거지. 우리 땅의 유적이 일본 사람의 손으로 발굴되고, 출토된 유물은 고스란히 그들의 손에 넘어갔으니 말이야.

　우리나라가 광복을 맞자 요코야마 교수는 유물과 도면, 보고서 등 암사동 유적의 발굴 자료들을 국립중앙박물관에 넘겨주고 일본으로 돌아갔어. 하지만 발굴 당시 일본인 손에 들어간 수많은 토기와 석기 등은 여전히 도쿄대학교를 비롯해 일본의 여러 대학에 소장되어 있단다.

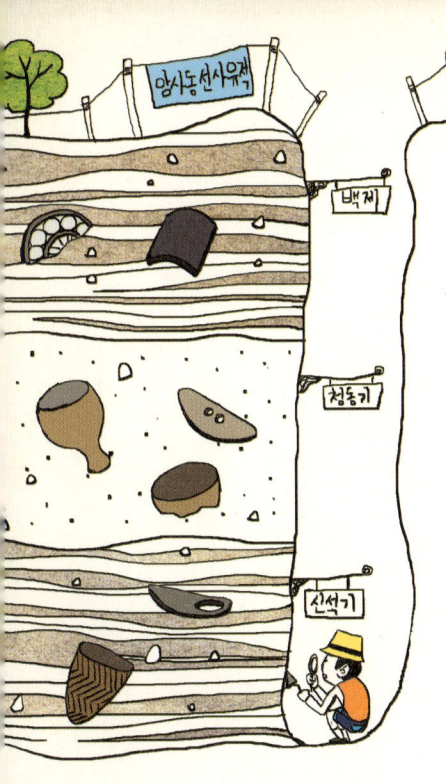

우리 손으로 발굴을 했을 때는 경작지로 추측되는 땅에서 가장 먼저 백제 시대가 모습을 보였어. 기와, 독무덤, 건물터 등 백제의 생활상을 고스란히 보여 주는 유물과 유적이 나왔지. 신석기 시대의 유적인 암사동에서 웬 백제 시대 유물일까?

백제 층을 발굴하고 더 아래로 파 내려가자 이번에는 청동기 시대의 유물인 민무늬 토기와 반달돌칼이 빗살무늬 토기와 함께 모습을 드러냈어. 청동기 시대까지 사용하던 빗살무늬 토기인지, 오랜 시간의 자연 현상으로 청동기 시대의 유물과 신석기 시대의 유물이 뒤섞인 것인지 정확히 알 수는 없지만 말이야. 그리고 아주 한참을 더 파 내려가자 비로소 신석기 시대의 집터와 빗살무늬 토기를 비롯한 신석기 시대의 유물들이 나타났어.

암사동 유적이 우리에게 남긴 것

암사동 유적 발굴은 야심차게 시작했지만 아쉬움이 많이 남는 발굴이었어. 당시 우리의 발굴 방법과 기술은 아직 걸음마 단계였어. 발굴 중에 신석기 시대의 집터가 나왔는데도, 제대로 확인도 하지 않고 계속 땅을 파고 유물을 건지는 데만 급급할 정도였어. 발굴에 참여한 박물관들이 각각 정리한 발굴 자료는 여기저기 흩어지고 발굴 보고서도 나오지 못했지.

그렇지만 암사동에 아직도 발굴할 유물이 많이 있다는 것을 우리 눈으로 직접 확인한 발굴이었다고 해. 그만큼 암사동 유적의 규모가 크다는 의미지. 더불어 발굴이란 것이 의욕만 있으면 뚝딱 되는 것이 아니라, 많은 노력과 시간이 필요하다는 것을 몸소 깨닫게 했어.

정식 발굴이라 말하기 어려울 정도로 질서나 체계가 부족했던 4년여의 세월이 지나고 1971년이 되어서야 비로소 체계적인 발굴이 시작되었어. 국립중앙박물관이 1971년부터 1975년까지 네 차례에 걸쳐 발굴에 나섰지. 그러니 암사동 유적이 처음 세상에 모습을 드러낸 후 온전한 모습을 보이기까지 50년의 세월이 흐른 거야.

암사동 유적에는 그곳에 머물렀던 인류의 역사가 켜켜이 쌓여 있었어. 선사 시대부터 지금에 이르는 삶의 흔적들이 사라지지 않고 땅속에 고스란히 잠들어 있었지. 만약 시간이 아주 많이 흐른 후에 한강변을 발굴한다면 더 긴 시간 터널이 후손들의 손에 발굴되겠지?

암사동 선사 주거지는 참 재미있고 특별한 유적인 것 같지? 지금은 높은 아파트 단지와 자동차 행렬이 끊이지 않는 도로에 둘러싸여 있지만, 아주 먼 옛날, 신석기 시대 사람들이 물고기를 잡고, 사냥을 하고, 산에서 주운 도토리를 갈돌과 갈판에 갈아 빗살무늬 토기에 끓여 먹던 장면이 생생하게 살아있는 곳이기도 하니까. 그러고 보면 암사동 선사 주거지가 우리에게 말하고 있는 것 같지 않니? 우리의 생활이 곧 역사라고 말이야.

빗살무늬 토기에서 신석기 시대의 생활을 읽다

빗살무늬 토기는 신석기 시대 사람들이 널리 사용한 용기였어. 신석기 시대 사람들은 빗살무늬 토기를 화덕에 올려 음식을 만들거나 음식을 덜어 먹기도 하고, 땅에 묻거나 움집 안에 걸어 음식을 보관하기도 했을 거야. 어떻게 알았냐고? 고고학자들이 발굴된 빗살무늬 토기를 꼼꼼하게 조사한 덕분이지.

바탕흙을 반죽해 통째로 빚거나 테를 감아올려 토기의 모양을 만들어.

디테일!

겉면에 새긴 빗살무늬는 세련된 멋을 더하는 동시에 토기가 갈라지지 않게 하는 역할도 한다고 해.

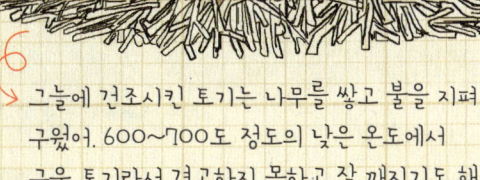

그늘에 건조시킨 토기는 나무를 쌓고 불을 지펴 구웠어. 600~700도 정도의 낮은 온도에서 구운 토기라서 견고하지 못하고 잘 깨지기도 해.

아래쪽에 뚫린 구멍들은 금이 간 부분이 벌어지지 않도록 끈으로 묶었던 흔적이라고도 해.

윗부분에는 작은 구멍을 뚫고 끈을 끼워서 서까래나 기둥에 매달아 사용했을 거야. 공간을 차지하지 않는 동시에 통풍이 필요한 음식을 보관하기 좋은 방법이지.

동삼동 패총

오래된 쓰레기 더미 속에
선사 시대 문화가 있다!

부산 동삼동 패총 유적은 우리나라 고고학자를 키워 낸 산실로 불려.
패총은 선사 시대 사람들이 먹고 버린 조개껍데기 더미를 말해.
지금으로 말하자면 음식물 쓰레기 더미에 불과한 그 유적에
고고학자들은 어째서 그토록 흥분했던 걸까?

선사 시대 쓰레기장이 대박 유적이라니?

지금으로부터 8000년 정도가 흐른 뒤, 후손들이 우리 땅을 발굴한다고 상상해 보자. 미래 고고학자는 어떤 유적을 발굴했을 때 '대박'이라고 소리칠까? 무덤? 요즘엔 화장장이 늘어나고 있어서 그때쯤엔 무덤 발굴이 거의 없지 않을까? 그렇다면 주거지? 웬만한 도로나 주거지는 지금도 개발에 개발을 거듭하고 있으니, 생활의 흔적을 고스란히 간직한 집터를 발굴한다는 것도 왠지 쉽지는 않을 것 같구나.

그렇다면 쓰레기 매립장은 어떨까? 쓰레기는 우리가 무엇을 어떻게 소비하며 살았는지가 확실히 보이는 흔적이니까. 그 흔적들이 땅속에 그대로 묻혀 있는 매립장이 유적으로서 최고의 가치가 있지 않을까? 물론 8000년이라는 어마어마한 시간 동안 대부분의 쓰레기는 썩고 녹고 사라지겠지만 말이야. 그렇기는 해도 작은 단서 하나를 붙잡고 과거를 추적하고 밝혀내는 고고학자들에게는 최고의 선물이 될 수도 있다는 말씀!

실제로 고고학자들을 흥분하게 만든 쓰레기 매립장 유적이 있었어. 바로 부산시의 동삼동 패총 유적이지. '패총'이란 말은 '조개무지' 혹은 '조개더미' 정도로 풀어쓸 수 있어. 사람들이 먹고 버린 조개껍데기를 포함한 여러 가지 쓰레기가 오랜 시간 쌓여 만들어진 일종의 '선사 시대 쓰레기장'인 셈이지.

패총 유적은 토기와 석기, 동물 뼈로 만든 도구, 흙으로 만든 여러 가지 물건 등 생활 도구는 물론이고 무덤, 집이 있던 자리, 화덕 시설 등을 엿볼 수 있는 주거지 터가 함께 발견되는 경우가 많아서 최고의 유적으로 손꼽힌단다. 패총을 형성하는 데 중요한 역할을 하는 조개껍데기의 구성 성분은 석회질이야. 이 석회질은 토양을 알칼리성으로 바꾸는데, 그 결과 패총 안에 들어 있는 유구(옛날 건축물의 구조와 양식을 짐작할 수 있는 흔적)와 유물들이 썩지 않고 잘 보존되지. 그러니 고고학자들에게는 이래저래 '대박'인 유적이 될 수밖에.

그런데 말이야, 만약 선사 시대 사람들이 지금처럼 쓰레기 분리수거를 했다면 어찌 되었을까? 그렇다면 패총을 통해 우리가 얻을 수 있는 정보들이 그만큼 다양하지는 않겠지? 그러고 보면 마구잡이로 쓰레기를 쌓아 둔 것이 마치 아주 먼 미래를 내다본 조상들의 현명한 지혜로 느껴지지 뭐야.

동삼동 패총에서 배운 선진 발굴 기법

　동삼동 패총 유적 발굴에는 우여곡절이 참 많았어. 처음 발견은 일제 강점기였던 1929년, 어느 일본인 교사가 했지. 당시 네 차례의 시굴 조사를 벌였고, 빗살무늬 토기와 흑요석(흑색, 회색, 갈색 등 어두운 색을 띠는 화산암으로, 유리 같은 광택이 나며 날카롭게 깨지는 돌) 등 신석기 시대의 유물들을 발굴했어.

　하지만 동삼동 패총의 진짜 가치가 세상에 알려지게 된 것은 어느 외국인 부부 덕분이야. 해방 후 17년이 지난 1962년, 모아와 샘플이라는 미국인 부부가 동삼동 패총을 발굴하겠다며 우리나라에 온 거야. 모아는 회사원이었는데, 뒤늦게 고고학에 눈을 뜬 사람이었어.

　모아 부부는 특히 우리나라의 선사 시대 문화에 큰 관심이 있어 동삼동 패총을 주목하고 미국 연구 재단에 발굴 연구비를 신청했다고 해. 당시 모아 부부가 미국 연구 재단에서 받은 연구비는 우리나라에서 집을 스무 채 정도 살 수 있을 정도의 큰돈이었어. 잘 알려지지 않은 한반도의 선사 시대를 연구하겠다고 나선 늦깎이 고고학자나, 그런 학자를 지지하고 거액의 돈을 선뜻 내준 미국의 연구 재단이나 참 대단한 열정이 아닐 수 없지.

　모아 부부는 국립중앙박물관을 찾아 동삼동 패총 유적을 발굴하고 싶다는 뜻을 밝혔어. 이에 국립중앙박물관은 서울대학교와 공동으로 발굴하는 조건으로 동삼동 패총의 발굴을 허락해 주었지. 마침 고고학과가 막 문을 열었던 서울대학교로서는 선진 발굴 기법을 배울 수 있는 기회이기도 했어.

하지만 발굴은 순조롭지 않았어. 공동으로 하겠다던 패총 발굴은 사실상 모아 부부가 단독으로 진행했고, 이 사실을 알게 된 국립중앙박물관이 문제 삼고 나섰거든. 그러자 모아 부부는 그때까지 발굴한 자료를 가지고 다른 대학과 손을 잡고 발굴을 계속했어. 그러고는 1966년 일본의 어느 학술지에 동삼동 패총 발굴에 대한 내용을 정리해서 발표했어.

이때의 발표 내용은 우리 고고학계에 큰 충격을 주었어. 동삼동 패총 맨 밑바닥에서 나온 목탄의 방사성 탄소 연대 측정 결과가 기원전 3000년 전후라고 나왔거든. 지금으로선 그게 왜 충격인지 감이 잘 안 오지?

당시만 하더라도 '방사성 탄소 연대 측정'은 낯선 개념이었어. 우리나라는 이제 막 고고학을 배우는 단계였으니, 그만큼 고고학 연구 방법에 대한 정보가 많지 않았던 거지. 그런 상황에서 새로운 방법을 통해 우리나라의 신석기 시대 연대를 알 수 있다는 것은 놀라운 일이었지. 패총 맨 밑바닥에서 나온 목탄이 기원전 3000년 전후의 것으로 측정되면서 우리나라의 신석기 시대의 시작이 적어도 기원전 3000년 전후로 거슬러 올라간다는 것을 주장할 수 있게 되었던 거야.

비록 발굴 과정에서 여러 우여곡절이 있기는 했지만, 어찌됐든 모아 부부는 걸음마를 막 떼기 시작한 우리나라 고고학계에 많은 가르침을 주었어. 샘플 구덩이를 파서 층위를 구분하는 법, 발굴한 유물에 번호를 매겨서 분류하는 방법, 유적 명칭을 정하는 방법 등 당시 선진 발굴 기법의 기본을 전수해 주었어. 또 동삼동 패총 유적의 가치를 알게 된 것도 다름 아닌 모아 부부 덕분이었으니, 이래저래 우리 고고학계에 큰 기여를 한 사람들이라 할 수 있지.

 신석기 문화의 이정표, 신비의 조개탈

　모아 부부의 발굴로 동삼동 패총이 관심을 받자 국립중앙박물관도 1969년부터 1971년까지 세 차례 발굴에 들어갔어. 동삼동 패총은 유적의 가치도 크지만 우리나라를 대표할 만한 고고학자들을 양성한 산 교육장이 되었다는 점에서도 의미가 커. 패총은 토양이나 유물이 일반 발굴과 달라서 발굴이 쉽지 않았거든. 흙과 조개껍데기가 뒤섞인 토양을 걷어 내야 하고, 패총 안의 유물도 조개 제품, 흙으로 만든 제품, 뼈로 만든 제품 등 여러 가지 재질이 섞여 있어 발굴이 쉽지 않았어. 하지만 과정이 어려웠던 만큼 고고학자들에겐 피가 되고 살이 되는 발굴이었지.

　또 발굴이 계속되면서 놀라운 일도 많이 일어났어. 모아 부부가 밝힌 패총의 형성 시기가 무너지기 시작했거든. 새로운 유물이 계속 나오면서 패총 형성 시기가 기원전 3000년에서 기원전 6000년까지 올라간 거야. 그러니까 동삼동 패총 유적은 기원전 6000년, 즉 신석기 시대 초기부터 만들어지기 시작해서 청동기 시대가 시작될 때까지 무려 4500년에서 5000년 동안 만들어진 거야. 한마디로 동삼동 패총은 신석기 문화의 전체 흐름을 한눈에 볼 수 있는 유적이라는 말씀!

　하나의 유적에 신석기 시대 전부가 담겨 있다니! 그야말로 동삼동 패총 유적은 고고학자들에게는 '종합선물세트' 같은 유적이었어. 신석기 시대의 의식주 생활은 물론 정신세계와 해외 교역의 흔적까지 들여다볼 수 있는 각종 유물들이 쏟아졌거든.

　그 많은 유물 가운데 동삼동 패총 유적의 스타로 손꼽히는 유물은 단연 '조개 탈(패면)'이야. 가리비 껍데기에 구멍을 뚫어 두 눈과 입을 나타낸 모습이 마치 가면처럼 보여. 크기는 가로 약 13센티미터, 세로 약 12센티미터 정도가 되는데, 어른 손바닥보다 조금 작다고 보면 돼. 그렇다면 이 작은 걸 실제로 얼굴에 썼을까?

　사실 이 특이한 유물을 두고 여러 주장이 나왔어. 단순히 가리비 껍데기를 이용해 만든 탈이라는 주장, 원시적인 종교 활동을 하면서 만들어 낸 물건이라는 주장, 주술사가 몸에 지니던 물건이라는 주장 등 다양했어. 현재로서는 집단의 공동체 의식이나 축제 때 사용했거나 나쁜 기운을 막는 의미를 담은 의례용 도구로 활용되었을 거라고 보고 있단다.

　지금으로부터 8000여 년 전에 가리비 껍데기를 이용해 가면을 만들고 거기에 의미를 부여했다니, 안전하고 행복하길 바라는 정신세계는 지금과 크게 다

르지 않은 것 같구나.

동삼동 패총에서 눈에 띄는 또 하나의 유물이 있어. 바로 흙으로 만든 곰 모양 토우야. 기원전 4500년에서 기원전 3500년 사이의 유물로 추정돼. 그런데 중국 뉴허량(우하량) 유적에서도 신석기 시대의 곰 이빨과 함께 곰 모양 토우가 발굴되었어. 이것은 한반도와 중국이 같은 신석기 문화권이었음을 말해 주는 거야. 어때? 비록 작아 보이는 유물일지라도 세계 문화 지도의 이정표가 될 만큼 대단한 역할을 하지? 이런 것을 보아도 발굴의 중요성을 다시 한 번 느낄 수 있어.

동삼동에서 발굴된 곰 모양 토우. 곰이 웅크리고 으르렁거리는 것 같은 모양!

'메이드 인 동삼동' 제품, 바다를 건너다

동삼동 패총에서는 자그마치 1500점의 조개 팔찌가 나왔어. 조개 팔찌는 이름 그대로 조개껍데기에 구멍을 내고 다듬어서 팔에 끼울 수 있도록 만든 장신

구야. 그런데 출토된 조개 팔찌들을 살펴보니 모양을 완벽하게 갖춘 것만 있는 게 아니었어. 조개껍데기의 일부에만 구멍이 나 있어 이제 막 팔찌로 만들기 시작한 것 같은 모양도 있고, 그 굵기로 보아서 좀 더 다듬어야 하는 상태의 것도 있고, 또 팔찌로 만드는 과정에서 깨진 것처럼 보이는 것들도 많이 있었어. 조개 팔찌를 어떤 과정을 거쳐서 만들었는지 짐작할 수 있을 정도로 다양한 형태의 조개 팔찌 유물이 나왔다는 거지. 이렇게 한 장소에 조개 팔찌를 만드는 전 과정이 드러나는 유물이 모여 있다는 건 조개 팔찌를 한두 개씩 만든 것이

아니라, 대량으로 만들었다는 것을 뜻해. 마치 조개 팔찌 공장처럼 말이야.

이 조개 팔찌의 재료 대부분은 투박 조개야. 투박 조개가 동해와 남해에서 주로 잡히는 것으로 보아, 동삼동 패총에서 발굴한 조개 팔찌는 부산 광안리에서 잡힌 투박 조개로 만든 것으로 추측하고 있지.

투박 조개는 바위가 많은 서해에서는 볼 수 없는데, 일본 대마도에도 서식하지 않아. 그런데 이 투박 조개 팔찌가 대마도와 일본 땅에서 많이 발견되었어. 일본 규슈의 '사가 패총'에서는 조개 팔찌 113점이 나왔는데, 그 가운데 투박 조개 팔찌가 무려 95점이나 되었지. 일본 바다에서는 살지 않는 투박 조개로 만든 팔찌가 어떻게 일본 땅에서 나온 것일까? 게다가 팔찌를 만든 방법이나 모양 등이 부산 동삼동 조개 팔찌와 똑같았어.

이것으로 부산 동삼동에서 만들어진 조개 팔찌가 일본으로 수출되었음을 짐작할 수 있어. 말하자면 일본 규슈에서 발견된 조개 팔찌는 '메이드 인 동삼동' 제품이었던 것이지. 투박 조개는 떨어뜨려도 깨지지 않을 만큼 단단하지만, 매끌매끌해서 팔찌로 가공하기가 무척 어려운 재료야. 그러니 이런 재료로 팔찌를 만든 기술력은 당대 최고로 인정받았을 것이고, 해외에서도 수입을 할 만큼 고급 장신구로 알려졌을 거야.

그런데 그 옛날 어떻게 그렇게 먼 거리까지 교역을 했을까? 분명히 우리가 알고 있는 번듯한 무역선은 없었을 거야. 고고학자들은 동삼동의 신석기 시대 사람들이 아주 원시적인 형태의 배로 바람을 이용해서 바다 너머의 나라와 교역을 했을 거라고 해.

그럼 반대로 동삼동에서 수입도 했을까? 동삼동 패총을 포함해 남해안에서 발견된 패총 유적 18곳에서는 간혹 흑요석 원석이 출토되었어. 흑요석은 돌보다 쉽게 깨지고 날카로워서 무기로 만들기 좋아. 이 흑요석의 원산지가 바로 일본의 규슈야. 이건 흑요석 원석을 가져와서 정교한 무기로 제작했다는 것을 말해 주지. 즉, 수입도 했다는 얘기야.

학자들은 한반도에서 대마도로 건너가 중개 무역을 했던 집단도 있었던 게 아닐까 추측하고 있어. 대마도에 둥지를 틀고 동삼동산 최고급 조개 팔찌와 일본산 흑요석을 물물교환하거나 혹은 다른 형태로 거래를 했다는 거야. 신석기 시대에 이런 세계화 전략을 쓴 교역 집단도 있었다니, 놀라울 따름이야.

당시에는 쓰레기 더미에 불과했을 패총이 이렇게 많은 사실을 알려 주다니! 우리 후손들도 우리가 남긴 쓰레기 더미에서 이렇게 다양한 우리의 모습을 읽을 수 있을까?

유물의 나이를 알아내는 방사성 탄소 연대 측정법

발굴된 유물이 언제의 것인지 알아내는 방법은 여러 가지가 있어. 그 가운데 방사성 탄소 연대 측정은 1960년 노벨화학상을 수상한 '리비'가 제안한 방법으로, 고고학에서 아주 유용한 연대 측정법으로 사용되고 있어.

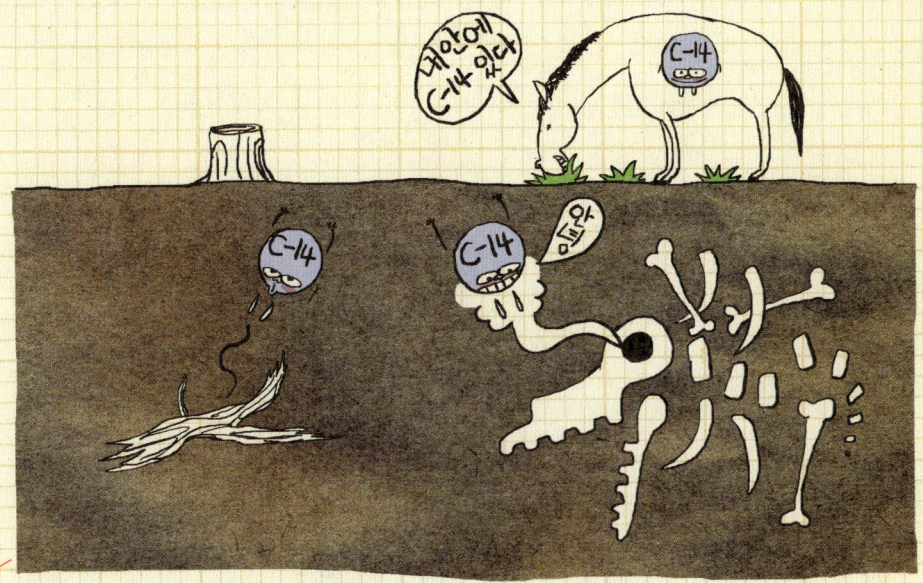

생물체나 식물 등의 유기물은 '방사성 탄소(C-14)'라는 성분을 가지고 있어. 생물체가 죽거나 식물 등이 불에 타면 그 안에 있던 방사성 탄소가 줄어들기 시작해.

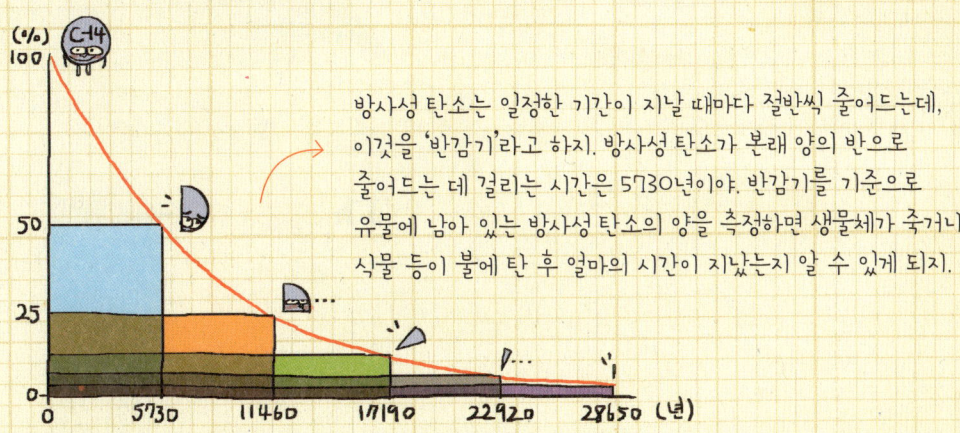

방사성 탄소는 일정한 기간이 지날 때마다 절반씩 줄어드는데, 이것을 '반감기'라고 하지. 방사성 탄소가 본래 양의 반으로 줄어드는 데 걸리는 시간은 5730년이야. 반감기를 기준으로 유물에 남아 있는 방사성 탄소의 양을 측정하면 생물체가 죽거나 식물 등이 불에 탄 후 얼마의 시간이 지났는지 알 수 있게 되지.

갈동 세형동검 거푸집

청동기 시대에 공장이 있었다고?

청동기 시대에 같은 물건을 여러 개 만들어 내는 공장이 있었다면 믿을 수 있겠니?
그것도 다루기 힘든 청동을 다루는 공장이라면?
전라북도 완주군 갈동 유적에서 청동기 시대의 공장 현장이 발굴되었어.
청동기 시대에 공장에서 만들어 낸 물건은 대체 무엇이었을까?

고고학자의 감, 지표 조사보다 정확하다?

고고학자가 발굴을 하는 건 의사가 환자를 수술하는 것과 비슷해. 의사는 여러 가지 방법으로 환자를 진찰하고, 갖가지 검사를 하고, 환자랑 대화도 하고, 다른 의사들의 의견도 듣는 등 여러 과정을 거쳐 수술을 할 것인지 말 것인지를 결정하지.

발굴도 마찬가지야. 진찰에 해당하는 지표 조사를 하고, 뭔가 단서를 잡으면 시굴을 하지. 시굴은 의사가 환자 상태를 좀 더 정확하게 알기 위해 하는 일종의 정밀검사라 할 수 있어. 정밀검사에서 이상을 발견하면 수술을 결정하듯, 시굴 단계에서 유물이 출토되는 상황을 봐서 발굴을 결정해.

그런데 갈동 유적은 지표 조사에서 아무 성과가 없었는데 발굴을 결정했어. 비록 지표 조사에서는 아무것도 나오지 않았지만 당시 조사를 맡았던 고고학자의 감이 이상했거든.

그렇게 특별한 예감만 믿고 오랜 고민 끝에 발굴을 시작한 어느 날, 고고학자의 호미에 뭔가 걸리는 게 아니겠어? 처음엔 그저 평범한 돌이겠지 했는데, 흙을 살살 걷어 내니 다름 아닌 세형동검 거푸집이 모습을 드러냈어. 호미를 들고 세형동검 거푸집을 마주한 고고학자는 몸서리를 치듯 흥분했지. 흥분한 건 고고학자만이 아니었어. 고고학계, 그리고 온 국민들도 함께였어. 한반도의 고대사를 선명하게 드러내는 발굴이었거든. 이렇게 때로는 고고학자의 감이 지표 조사보다도 정확하다는 말씀!

청동검을 찍어 내는 최첨단 기술

세형동검은 청동으로 만든 가는 모양의 검(칼)이란 뜻이야. 아마 박물관에서 본 친구들도 있을 텐데, 길이는 30센티미터 정도이고 폭이 좁고 길어. 세형동검은 청동기 시대 말부터 철기 시대 초까지 사용된 것으로 알려져 있어. 특히 우리나라에서 많이 발견되어서 '한국식 동검'이라고 불리기도 해.

이 세형동검을 만들어 내는 거푸집이 바로 갈동 유적에서 발견된 거야. 거푸집은 쇳물을 부어 여러 물건을 만들어 내는 틀이야. 안쪽에 세형동검 모양이

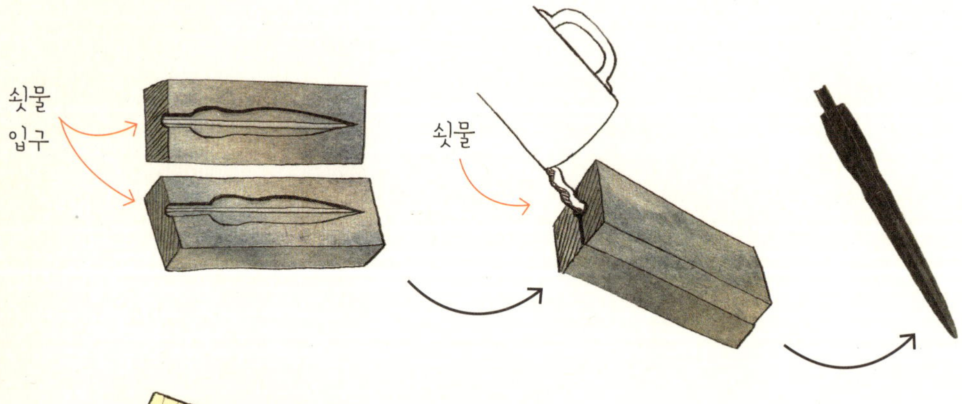

새겨진 거푸집을 이용하면 똑같은 모양의 세형동검을 여러 개 만들 수 있는 거지. 거푸집은 똑같은 모양이 한 쌍을 이뤄. 붕어빵을 구워 내는 틀처럼 말이야. 그래서 거푸집을 깨뜨리지 않고도 완성된 물건을 빼낼 수 있었던 거야. 일일이 하나하나 만드는 것보다 빠르고 쉬웠겠지?

갈동 유적에서는 완벽한 모양의 세형동검 거푸집 한 쌍이 고스란히 나와서 그 기쁨과 의미가 더 컸어. 이 거푸집의 발굴로 우리나라에서 청동으로 검을 대량 생산했음을 알 수 있게 되었거든. 요즘으로 말하면 공장 산업 현장을 마주한 것과 같겠지.

거푸집 하나 발견된 것 가지고 공장 산업에 견주는 건 너무 심한 비약 아니냐고? 청동기 시대는 청동으로 도구를 만들 수 있긴 했지만, 청동의 원료를 구하는 일도, 청동으로 물건을 만드는 일도 쉽지 않았던 시대야. 여전히 돌로 만든 도구를 많이 사용하고 있었지.

청동기 시대에 거푸집을 이용해 청동 제품을 여러 개 만들어 낸다는 것이 당시로서는 공장 산업을 넘어 최첨단 산업 기술이었다고 해도 무리가 아니란 걸 알겠지? 그런 데다 세형동검은 몇천 년 전에 만들어졌다고 믿기지 않을 만큼 매끈하고 정교하기까지 해. 그런 걸작을 똑같이 여러 개 만들어 낼 수 있는 기술력이 최첨단 산업 기술이 아니고 뭐겠어.

이런 세형동검 거푸집은 왜곡된 한반도 고대사를 바로잡는 역할을 톡톡히 했어. 일제 강점기에 일본은 한반도의 고대사에는 구석기 시대와 청동기 시대가 없다는 것을 정설로 만들었어. 한반도 사람들은 줄곧 석기만 사용하다가 중국에서 철기가 들어오면서 석기와 철기를 섞어 사용하게 되었다는 주장을 한 거야. 일본의 주장이 터무니없다고 해도 반박할 만한 기록이나 고고학적 증거가 거의 없었어.

그런데 갈동 유적에서 세형동검 거푸집이 발굴된 거야. 한반도에 청동기 시대가 있었음을 증명하는 데 이보다 확실한 유물이 또 어디 있겠어? 거푸집 하나가 만들어 냈을 청동기의 수를 생각한다면 그 의미는 청동기 여러 개를 발견하는 일보다 더 크다는 말씀! 결정적인 유물 하나가 잘못된 고대사를 바로잡고, 고고학계의 판세를 뒤집은 것이지.

 1급 유물이 갖추어야 할 요건

그렇다면 이전에는 거푸집이 발견된 적이 없었을까?

갈동 거푸집 전에도 평양 장천리, 용인 초부리, 전라남도 영암 등에서 상태가 좋은 몇 개의 거푸집이 발견되긴 했어. 하지만 정식 발굴을 통한 것이 아니고 여러 사람의 손을 거쳐서 알려진 신고품이 대부분이었지. 그러다 보니 언제, 누가, 어디에서 발견한 유물인지 확인할 수 없다는 약점을 가지고 있어. 이게 무슨 약점이 되냐고?

위에서 말한 거푸집 가운데 전라남도 영암에서 나왔다고 해서 '영암 출토 거푸집'이라 불리던 유물은 여섯 쌍의 온전한 거푸집과 한쪽만 남은 것 1점, 한쪽의 반만 남은 것 1점까지 총 14점이나 되었지. 영암 출토 거푸집은 상태도 양호하고 종류도 다양해서 단검, 꺾창, 창, 낚싯바늘, 침, 도끼, 끌 등 당시에 사용되던 대부분의 청동기들을 만들어 낼 수 있을 정도였어.

이 영암 출토 거푸집을 처음 세상에 공개한 건 어느 골동품상이었어. 1960년대 초 영암 출토 거푸집의 가치를 한눈에 알아본 국립중앙박물관은 당장이라도 거푸집을 구매하고 싶었지만, 당시 재정 상태로는 유물을 구입할 수 없었지. 영암 출토 거푸집은 세월이 지난 후 숭실대학교 기독교박물관으로 갔단다. 숭실대학교 기독교박물관을 세운 김양선 선생은 영암 출토 거푸집을 구입하면서 발굴 시기, 발굴자, 발굴 장소 등의 정보를 알아보려고 했지만, 전라남도 영암에서 나왔다는 것 말고는 아무것도 알 수 없었어. 김양선 선생이 세상을 떠난 후 그의 제자도 발굴에 관련된 정보를 알아내려고 애썼지만 결국 성과를 거두지 못했어.

유물이라는 것만으로도 훌륭한데 발굴 시기, 발굴자, 발굴 장소까지 꼭 알아야 되냐고? 고고학에서는 어떤 유물이든지 어느 지역, 어떤 장소에서 어떤 유물과 함께 출토되었는지를 알아야만 생명력을 갖게 돼. 유물이 품고 있는 여러 정보까지 함께 얻어 내야 진정한 의미가 있다는 거지. 그러한 정보는 과거의 문화와 역사를 되살리는 데 결정적인 단서가 되거든. 그래서 정식 발굴을 할 때도 유물을 건져 올리는 데만 급급하지 않고, 발굴 상황을 기록과 사진 등으로 자세하게 남기는 거야.

갈동 유적의 세형동검 거푸집은 정식 발굴을 통해 확인된 최초의 청동 거푸집으로 시대까지 분명한 유물이라는 점에서 그 의미가 컸어. 지금은 고고학계에서 인정하는 '1급 유물'로 분류되어 있단다.

거푸집에 새겨진 재사용의 지혜

갈동 세형동검 거푸집은 발견된 장소마저 참 특별해. 다름 아닌 움무덤의 껴묻거리로 발견되었어. 움무덤은 청동기 시대 후기의 무덤 양식으로 '토광묘'라고도 해. 땅을 파서 시체를 묻고 흙으로 덮는 간단한 형식의 무덤이지.

그리고 껴묻거리란 무덤에 시신과 함께 묻어주는 물건이야. 부장품이라고도 하지. 무덤의 주인이 살아있을 때 쓰던 옷가지나 장신구, 물건 등이야. 살았을 때 쓰던 물건들을 죽어서도 가져가서 사용하라는 의미를 담고 있지.

청동 거푸집을 껴묻거리로 묻었다는 것은 무덤의 주인이 청동기 제작 기술을 가진 사람이었음을 보여 주는 실마리가 돼. 즉 당시에 전문적으로 청동기를 제작하는 사람이나 집단이 있었다는 걸 의미하지. 이 때문에 청동기 시대 공장 산업의 흔적이 더욱 선명하게 드러날 수 있는 거란다.

유물이 어디에서 발견되었는지가 참 중요하다는 걸 알 수 있겠지? 만일 거푸집이 무덤이 아닌 다른 곳에서 발견되었다면 그곳에서 읽어 낼 수 있는 정보는 또 다른 것이었을 거야.

그런데 갈동 세형동검 거푸집에는 또 다른 정보가 있어. 세형동검 틀을 새긴 거푸집을 뒤집어 보면 두 개 중 한 개는 뒷면에 또 다른 유물의 틀이 새겨진 걸 볼 수 있거든. 뒷면에 새겨진 건 꺾창의 틀이야. 이것으로 거푸집을 재사용했다는 것을 짐작할 수 있어. 고고학자들은 당시 사람들이 청동 꺾창의 거푸집 한쪽이 부서졌기 때문에 남은 한쪽을 세형동검 거푸집으로 변형해 재사용했다고 보

고 있거든. 어쩌면 거푸집의 재료가 되는 돌(납석)을 구하기 어려웠거나, 크기가 세형동검을 만들기에 딱 맞아서 다시 사용한 것일 수도 있어. 어느 쪽이든 2300여 년 전 이미 재사용의 지혜를 실천하고 있었다니, 새삼 놀랍지 뭐야.

거푸집의 재사용 흔적은 앞서 말한 영암에서 출토한 거푸집에도 남아 있어. 청동 거울 거푸집을 뒤집어 보면 뒷면을 낚싯바늘의 거푸집으로 사용한 것을 볼 수 있지.

그런데 말이야, 발굴에도 유행이 있는 걸까? 갈동 유적에서 세형동검 거푸집이 발굴되고 얼마 후, 경기도 화성에서도 청동 끌 거푸집이 발굴되었어. 더 재미있는 것은 이 거푸집을 발굴한 장소가 최첨단 산업인 반도체 공장이 들어설 땅이었다는 점이야. 아주 오래 전의 첨단 기술과 현대의 첨단 기술이 같은 땅에서 이어지다니! 시공을 초월한 텔레파시라도 통하는 걸까?

유물도 족보에 따라 품격이 달라진다

　같은 유물이라도 족보가 있느냐 없느냐에 따라 품격이 달라진다는 것, 알고 있니? 유물에 웬 족보 타령이냐고? 어떤 유물이 어떻게 여기까지 오게 되었는지, 그 상황을 상세히 알 수 있다면 그건 제대로 된 족보가 있는 유물이야. 이와 달리 유물의 상태가 훌륭하더라도 그에 관한 정보가 없다면 충분히 좋은 유물로 인정받지 못해. 발굴을 할 때 유물과 관련된 정보를 꼼꼼하게 기록하는 것도 바로 이 때문이야. 주변 상황을 살피지 않고 유물만 건져 낸다면 그건 진정한 발굴이 아니거든. 족보에 해당하는 유물에 관한 정보가 없다면 1급 유물이 될 수 없지.

풍납동 토성

잃어버린 백제의
왕성을 되찾다

서울의 한 재개발 지역에서 아파트 공사가 진행되고 있었어.
그런데 난데없는 고고학자의 잠입, 이어서 터져 나온 고고학자의 외침!
아파트 공사는 중단되고 갑작스레 발굴이 시작되었다는데,
대체 무슨 일이 벌어진 걸까?

 공사를 중단시킨 고고학자의 외침

　1997년, 서울 송파구 풍납동의 아파트 건설 현장에서는 터파기 공사가 한창이었어. 터파기란 건축물의 기초를 세우기 위해 땅을 파는 것을 말해. 원래 있던 동네 모습은 오간 데 없고, 허허벌판이 되어 버린 곳에서 굴착기와 덤프트럭이 오가며 흙을 실어 나르고 있었어. 터파기 공사는 상당히 진행되어, 어느새 지하 4~5미터 높이에 달하는 구덩이를 파 내려가고 있었지.

　그런데 이 어수선한 공사장에 특별한 관심을 보인 사람이 있었어. 바로 백제의 잃어버린 역사를 찾기 위해 몇 년째 풍납토성을 눈여겨보고 있던 고고학자였지. 당시 풍납토성은 아파트 공사장 근처에 방치된 성벽이 전부였어. 그마저도 풍납토성이 있던 자리라는 푯말이 없었더라면 아무도 성벽이라고 생각지 못할 정도로 형태를 잃은 상황이었지. 그런데 풍납토성을 주목하고 있던 고고학자가 터파기 공사로 드러난 깊은 지하 구덩이 벽면에 토기 조각들이 무수히 박혀 있는 걸 발견한 거야. 고고학자는 문화재청에 전화를 걸어 흥분된 목소리로 말했어.

　"공사를 중단하고, 긴급 구제 발굴을 해야 합니다. 백제의 왕성 유적이 발견되었다고요!"

　공사 중단? 긴급 구제 발굴? 백제 왕성 유적? 아파트 공사장, 아니 풍납동은 대체 어떤 곳이기에 고고학자가 이토록 흥분했을까?

　아파트 공사 현장은 순식간에 발굴 현장으로 바뀌었어. 신문이며 텔레비전

에서 연일 특종 기사가 터지고, 국민들의 관심도 더없이 뜨거웠어. 온 나라의 관심이 풍납동으로 쏠린 것만 같았지. 이러한 관심을 얻어 아파트 공사는 중단되었고, 국립문화재연구소와 몇 개 대학이 연합하여 공동으로 긴급 구제 발굴에 들어갔어.

긴급 발굴이니 구제 발굴이니 발굴 앞에 붙은 단어들이 왠지 무시무시하게 느껴지지? 고고학자들이 하는 발굴은 그 목적에 따라 크게 두 가지로 나뉘어. 학술 발굴과 구제 발굴로 말이지. 학술 발굴은 학문적인 문제를 해결하기 위해 하는 발굴이야. 예를 들어 고대 문화 연구를 하는 데 정확한 자료를 얻기 위해 발굴을 하는 경우가 그렇지.

　구제 발굴은 댐이나 도로, 농경지 정리 등 지형을 다시 되돌릴 수 없는 상황을 앞두고 긴급하게 하는 발굴이야. 구제 발굴은 예정된 공사를 앞두고 급하게 이루어지기 때문에 시간이나 인력 등 여러 가지 어려움이 따르지. 또 천재지변으로 유적이나 유물이 노출되면 그야말로 긴급하게 발굴을 하기도 하는데, 이런 경우에는 '긴급 수습 발굴'이라고 말하기도 해.

감추어 있던 백제 한성 시대를 깨우다

　앞에서 고고학자가 백제의 잃어버린 역사를 찾기 위해 몇 년째 풍납토성을 눈여겨보고 있었다고 했지? 이게 무슨 뜻인지 알기 위해서 잠깐 백제의 역사를 살펴보자.

　백제의 역사는 도읍에 따라 초기의 한성 시대, 중기의 웅진 시대, 후기의 사비 시대로 나눌 수 있어. 이 가운데 한성 시대는 기원전 18년부터 수도를 웅진(공주)으로 옮긴 475년 전까지 약 500년 동안을 말해. 백제의 역사가 700여 년인데, 이 가운데 500년을 차지하니 아주 중요한 시기였지. 그런데 풍납토성을 발굴하기 전까지 학자들이 관심을 가졌던 백제의 역사는 웅진과 사비 시대를 합친 200여 년뿐이었어. 한성 시대는 베일에 가려진 채 알려진 바가 거의 없었기 때문이야.

《삼국사기》를 보면 '백제의 시조 온조왕이 하남 위례성에 도읍을 정했다.'는 기록이 남아 있어. 이 하남 위례성을 도읍으로 삼던 시기가 바로 백제의 한성 시대야. 그런데 문제는 그 하남 위례성이 대체 어디인지를 찾을 수가 없는 거야. 《삼국사기》조차도 '하남 위례성은 이름은 있으나 알 수 없는 곳'이라고 기록하고 있지. 《삼국사기》를 기록한 고려 시대에 이미 그 위치를 잃어버린 곳이라고 볼 수도 있고, 삼국 시대 이후 백제는 패자의 나라이기 때문에 역사 기록에서 밀렸다고 해석할 수도 있어.

여하튼 하남 위례성은 그 정확한 위치를 알 수 없어 백제를 연구하는 사람들은 오랫동안 애를 먹었어. 심지어 학자들 중에는 《삼국사기》에 나온 백제에 대한 내용을 믿을 수 없다는 이들도 있었어. 《삼국사기》에는 기원전 18년에 백제가 세워졌다고 하는데, 그 흔적을 찾을 수 없으니 기록을 있는 그대로 받아들일 수 없다는 거야.

많은 학자들이 백제가 고구려, 신라와 맞설 정도의 왕국이 된 건 3세기 후반에 이르러서야 가능했을 거라고 추측했지. 이 때문에 풍납토성이 백제의 초기 왕성인 하남 위례성일 수 있지 않을까 하는 일부 학자들의 의견은 인정을 받을 수 없었어. 기원전 18년 무렵의 백제는 그런 왕성을 쌓을 만한 힘이 있는 나라가 아니었다고 생각했으니 말이야.

그런데 풍납토성 발굴이 시작되면서 이야기는 달라지기 시작했어. 공사 중에 긴급하게 시작된 발굴은 마치 매일같이 새로운 유물 잔치를 벌이는 것 같았거든. 주거지와 토기 가마, 엄청난 양의 토기 조각, 그리고 성을 에워싼 방어 시설인 환호 등 발굴을 통해 나온 백제 시대의 유물만 500상자가 넘었으니 말이야.

왕성을 밝혀 줄 결정적인 단서 3가지

풍납토성에서 쏟아져 나온 엄청난 양의 유물들은 모두 백제 한성 시대의 것으로 밝혀졌어. 오직 한성 시대의 것뿐, 그 시대 이후의 유물들은 찾아볼 수가 없었지. 이것은 곧 한성 시대의 백제가 망하고 무슨 일인지 풍납토성이 급격하게 묻혔다는 것을 말해 주는 거야. 말하자면 풍납토성은 지하 4미터에 묻힌 한국의 폼페이였어.

폼페이는 화산 폭발로 파묻혀 버린 로마 제국의 도시야. 생각지 못한 재앙으로 하루아침에 땅속으로 사라졌다가, 1500년 만에 발굴되어 세상에 알려진 전설과 같은 도시지. 그리고 보면 풍납토성과 폼페이는 비슷한 점이 많아. 한때는 무척 번성한 도시였다는 점, 하루아침에 땅속으로 사라졌다가 발굴로 알려지게 되었다는 점, 그리고 그렇게 되기까지 1500년의 시간이 흘렀다는 점이 그렇지.

발굴을 통해 풍납토성이 백제 한성 시대의 왕성임을 입증하는 결정적인 단서 세 가지가 발견되었어. 이것은 오랫동안 풀리지 않았던 백제의 수수께끼를 풀 수 있는 중요한 실마리가 되었지.

결정적인 첫 번째 단서는 말머리 뼈야. 당시 말은 무척 비싸고 특별한 동물이었어. 중국 한나라에서는 말이 신분을 상징하는 동물로, 그 머리를 제사에 사용했어. 왕은 소, 귀족은 양, 일반인은 돼지의 머리를 제물로 사용했는데, 말의 머리는 하늘에 제사를 드릴 때만 사용했지. 그런 특별한 의미를 지닌 말머리 뼈가 풍납토성에서는 10구가 넘게, 그것도 한 구덩이에서 발견되었어. 이것은 풍납토성에 왕이 하늘에 제사를 드리던 장소가 있었음을 보여 주고 있는 거야.

두 번째 단서는 '대부(大夫)'라는 글자가 새겨진 토기야. 발굴단에서 '대부명 토기'라고 이름 지은 이 토기는 매끈하고 뭔가 기품이 있어 보여. 당시에는 토기에 이름이나 관직명을 새겨 넣곤 했는데, '대부'는 백제의 높은 관직명이야. 더 중요한 사실은 이 대부명 토기가 말머리 뼈와 같은 곳에서 나왔다는 거야. 이건 왕과 높은 관직의 관료들이 함께 하늘에 제사를 드렸다는 것을 보여 주는 거란다.

말머리 뼈와 대부명 토기가 왕과 관료들이 하늘에 제사를 드린 흔적이라면, 나머지 하나의 단서는 대체 뭘까? 그것도 제사와 관련된 것일까?

결정적인 세 번째 단서는 여(呂) 자형 건물터야. 말머리 뼈와 대부명 토기가 발굴된 곳 근처에서 두 채의 사각형 건물이 좁은 통로로 연결된 어느 건물터의 흔적이 아주 선명하게 나타났어. 그 모양이 한자 '여(呂)'자와 모양이 비슷하다고 해서 발굴단은 이 건물터를 '여 자형 건물터'라고 불렀어. 이 건물터를 좀 더 발굴해 보니 건물 주위로 도랑을 파고 돌을 깐 뒤 숯을 채운 것이 확인되었어. 이것은 곧 이곳이 신성한 장소였음을 말해 주는 거란다. 숯은 습기를 제거하는 역할을 하는 동시에 나쁜 기운을 막는다는 종교적인 의미를 담고 있거든. 게다가 여 자형 건물터의 길이는 16미터나 되는데, 당시 왕궁이 아니고서는 이런 큰 규모의 건물을 지을 수가 없었어. 또 이 건물터에서 함께 나온 고급 기와는 왕궁에서만 사용되던 거야. 종합하자면 여 자형 건물터는 백제 왕실의 제사가 행해졌던 특별한 유적이라는 말씀!

물론 이 세 가지 단서 외에도 백제 한성 시대를 입증하는 유물들은 무척 많았어. 기와는 정확한 수를 헤아릴 수 없을 정도였고, 십각형의 고급 초석(주춧돌)과 벽돌, 기와 등은 백제 시대의 왕궁이나 사원, 관청이 아니면 사용할 수 없는 것들이었지.

오늘날 풍납토성 위에는 주택과 아파트 들이 빼곡히 자리를 잡았다.

이로써 풍납토성은 베일에 가려 있었던 백제의 역사를 선명하게 드러내었어. 즉 백제가 기원전 18년쯤부터 이미 풍납토성과 같은 거대한 왕성을 보유할 만큼 강력한 왕국이었음을 말이야.

발굴이 끝난 후, 중단되었던 아파트 공사는 다시 시작되었어. 끈기 있는 고고학자 덕분에 풍납토성은 그 비밀을 한순간에 토해 내고 다시 땅속으로 묻히게 되었지. 이제는 왕성이 아닌 후손들의 터전인 아파트에 자리를 내주었지만, 그곳에 백제의 역사가 살아있음을 알려 준 것만으로도 풍납토성은 이제 편안하게 잠들 수 있지 않을까?

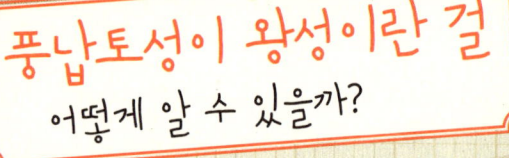
풍납토성이 왕성이란 걸 어떻게 알 수 있을까?

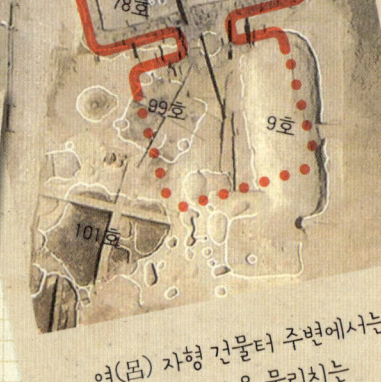

여(呂)자형 건물터 주변에서는 나쁜 기운을 물리치는 숯을 묻었던 흔적 발견!

당시에 귀한 가축이었을 말의 머리뼈가 여럿 나왔다. 귀한 말머리는 하늘에 제사를 드릴 때 쓰였을 것이다.

술이나 약, 음식 등을 데우는 자루솥인 초두 발견. 제사 같은 특별한 행사에 쓰였던 물건이다.

백제 금동대향로

진흙 속에 잠든
백제의 용이 깨어나다

충청남도 부여의 어느 발굴 현장.
한겨울 해는 이미 기울어 어둠이 내린 시간에 세기의 걸작이 빛을 뿜듯 모습을 드러냈어.
물이 흥건한 진흙 구덩이에서 나온 이 걸작은 잠들었던 백제의
용이 꿈틀대며 되살아나는 듯했고, 경이로움을 자아내는 아름다운 자태는
백제의 숨 가쁜 패망의 순간을 보여 주고 있었어.

물구덩이에서 찾은 화려한 유물, 그 정체는?

충청남도 부여의 능산리 절터. 평소 같으면 발굴 작업이 마무리되었을 어둑어둑한 시간이었지만, 발굴 현장에는 전등이 환하게 밝혀 있었어. 현장 인부들은 보이지 않고 긴장된 얼굴의 학예사 몇 명과 연구원들만이 발굴 작업에 참여하고 있었지.

왜 이렇게 늦은 시간까지 작업을 하고 있는 걸까? 환한 낮에 발굴하는 것이 유물을 자세히 확인할 수 있으니 작업도 수월하고, 유물을 발견했을 때의 감동도 더 클 텐데 말이야. 그건 혹시라도 있을 사고를 막기 위해서였어. 발굴단은 이미 낮에 호미에 뭔가 걸리는 걸 확인했거든. 이 상황을 발굴 현장에 있던 인부들도 모두 눈치챘기 때문에 다음날을 기다릴 수 없었어.

발굴단은 행여 뭔가 대단한 유물이 곧 발굴될 거라는 소문에 밤사이 도굴이라도 당하면 어쩌나 하는 생각으로 인부들이 모두 퇴근한 늦은 시간이었지만 발굴을 밀어붙였어. 이처럼 발굴을 할 때는 보안도 무척 중요해. 자칫하면 유물을 도난당하거나 유적과 유물이 훼손되어 파괴로 이어질 수 있으니까 말이야.

그러고 보면 세기에 남을 만한 굵직한 발굴은 대체로 늦은 시간에 이루어졌어. 세계적으로 유명한 트로이 발굴 역시 인부들이 모두 돌아간 후 진행되었어. 신화 속 고대 도시 트로이가 실제로 있을 거라고 확신했던 슐리만 부부는 중요한 유물이 발견되자 인부들에게 보너스까지 쥐어 주며 휴가를 보내고 직접 발굴을 했단다.

어찌됐든 어둠과 한겨울의 추위 속에서 고작 몇 사람이 발굴을 하는 건 어려움이 많은 일이었어. 게다가 발굴하는 곳이 물이 흥건한 진흙 구덩이였어. 발굴 현장 가까이에 있는 계곡에서 물이 흘러들고 있어 물구덩이라고 해야 할 정도로 물이 고였거든. 물이 빠질 수 있게 물길을 냈지만, 발굴 구덩이는 여전히 물로 질퍽했어. 한겨울 추위에 물속에서 발굴을 진행하는 발굴 단원들의 손은 벌겋게 곱아 있었어. 전등불로 생긴 그림자 때문에 바로 눈앞의 것도 분간이 잘 되지 않는 상황이라서 유물의 파괴를 막으려면 오로지 손의 감각에 의존해 맨손으로 발굴을 해야 했거든. 땅을 파 내려가는 발굴 단원들 옆에서는 구덩이의 물을 스펀지로 적셔내느라 또 다른 단원들이 애를 쓰고 있었지.

긴장과 추위 속에서 분주히 움직이던 어느 발굴 단원의 손길이 갑자기 멈췄어. 뭔가가 손에 걸린 거야. 발굴 단원은 조심스레 흙을 조금씩 걷어 내기 시작했어. 주변의 모든 사람들은 숨소리도 내지 않고 그 모습을 지켜보았지. 진흙 속에서 서서히 모습을 보이기 시작한 물체는 무슨 뚜껑 같기도 하고 불상 뒤에 장식된 광배의 조각 같기도 한 낯선 모습이었어. 드디어 뭔가가 나왔다는 사실에 발굴단의 손길은 더욱 바빠지고, 예사롭지 않은 유물이 나올 것만 같은 극도의 긴장감과 기대감이 현장을 감쌌어.

한참 후 아악, 비명에 가까운 탄성 소리가 흘러나왔어. 말로는 어떻게 표현하기 힘든 고귀한 자태의 유물이 비로소 완전히 제 모습을 드러낸 거야. 언뜻 보기에도 뚜껑 같아 보이는 부분과 몸체가 분리된 채로 발견된 이 유물은 그 용도를 한눈에 짐작하기는 힘들었어. 하지만 분명한 건 어떻게 보아도 걸작임에 틀림없다는 거였지.

발굴단은 유물이 청동 제품이라는 것을 확인하고는 조심스럽게, 그러나 재빠르게 유물을 수습했어. 오랫동안 땅에 묻혀 있던 유물은 공기와 만나는 순간 손상이 시작되는데, 특히 청동이나 철제 유물은 응급조치를 재빠르게 하지 않으면 순식간에 훼손되고 말아. 그러니 긴급하게 발굴을 해야 하지. 하지만 서두르는 건 절대 금물! 속도를 내는 것에 집중한 나머지 유물을 소홀히 다루거나 꼭 해야 할 응급조치를 잊으면 그 순간 발굴의 의미는 사라져 버리거든. 급한 상황에서도 발굴 현장과 발굴 상황 등을 사진과 그림 등으로 남기는 작업도 잊어서는 안 돼. 이러한 세세한 작업까지 마치고 나서야 유물은 박물관으로 옮겨질 수 있어.

발굴단은 박물관으로 자리를 옮긴 유물 앞에서 다시 한 번 탄성을 쏟아 냈어. 온전한 모습을 드러낸 유물은 놀라움 그 자체였거든. 그 세밀한 조각과 뛰어난 디자인은 경이로울 정도였어. 금색 빛깔의 화려한 자태와 고급스러운 문양으로 봐서는 값비싼 장식품 같기도 하고, 몸체 중간 부분이 분리되는 걸 보면 무슨 보관함처럼 보이기도 했지.

유물의 윗부분에서는 봉황이 나는가 싶더니, 아랫부분에서는 용이 하늘을 향해 날아오르고, 중간 부분인 몸체는 그 자체가 연꽃으로 표현되어 있었어. 연꽃 속에 펼쳐진 또 다른 세계에서는 다섯 명의 악사가 악기를 연주하고, 현실의 동물과 상상 속의 동물, 바위와 산봉우리, 폭포와 시냇물, 식물, 그리고 사람이 어우러져 있었지. 인간이 꿈꿔 온 무릉도원, 신선들의 세계를 그려 낸다면 이와 같을 것 같았어. 이처럼 화려하고 아름다운 모습에 발굴 단원들은 매료될 수밖에 없었지.

 백제인의 이상향을 담은 금동대향로

　진흙 구덩이 속에서 세상 밖으로 나온 이 유물의 정체는 향을 피우는 화로, 즉 향로였어. 유물에 붙여진 이름은 '백제 금동대향로'. 보통 금동대향로라고 부르지. 우리나라를 비롯해 인도나 중국 등 동양에서는 오래전부터 종교 의식을 치르거나 수행할 때 향을 피웠어. 종교적인 목적이 아니더라도 향은 나쁜 냄새를 없애는 용도로도 쓰였지.

　그런데 백제 금동대향로는 높이가 64센티미터, 무게는 약 12킬로그램이나 되었어. 보통의 향로보다 세 배 정도 크지. 백제 금동대향로가 보통의 향로보다 큰 것은 백제 왕실에서 제사를 지낼 때 사용하는 국보급 보물로 특별하게 만들어졌기 때문이야.

　몇몇 학자들은 백제 금동대향로를 보고 중국의 박산향로가 아닐까 추측하기도 했어. 박산향로는 중국 한나라 때의 향로야. '박산'은 중국 사람들이 꿈꾸는 이상향인데, 신선들과 산과 물, 동물들이 어우러진 곳으로 그려지곤 했어. 백제의 금동대향로 역시 이상향인 무릉도원이 새겨진 것으로 보아 박산향로의 영향을 받았을 것으로 추측하고 있어. 하지만 예술적인 면으로 보나 기술적인 면으로 보나 백제 금동대향로는 박산향로를 훨씬 뛰어넘는 수준이야. 섬세하게 표현된 아름다움은 물론이고 산의 묘사도 입체적이고 사실적으로 표현되어 박산향로와 비교할 수 없을 정도지.

　불교와 도교적인 색채가 배어 있는 백제 금동대향로는 백제 사람들의 종교와 사상을 잘 담아내고 있어 그 시대를 연구하는 데 중요한 자료야. 그리고 미술 문화와 청동 제조 기술까지도 뚜렷하게 보여 주는, 예술적인 아름다움은 물론 실용성까지 갖춘 걸작이라고 평가받고 있단다.

진흙 속에 잠든 용, 백제의 영광을 되살리다

　백제 금동대향로가 사람들을 깜짝 놀라게 한 데는 보존 상태가 아주 양호하다는 점도 한몫했어. 대부분의 금속 유물은 시간이 흐르는 동안 공기에 닿아서 부식되거나 녹이 슬거든. 그런데 백제 금동대향로는 몇백 년 동안 본래의 모양과 색깔을 간직하고 있었으니 놀랄 수밖에.

　발굴단은 백제 금동대향로가 나온 구덩이를 좀 더 조사해 보았어. 그곳은 공방이 있던 자리이고 유물이 나온 곳은 물을 저장하던 구유형 나무 수조인 것으로 밝혀졌어. 백제 금동대향로의 뚜껑과 몸체 부분에서는 섬유질이 검출되었는데 이것으로 천이나 다른 섬유질 물질에 감싸여 있었던 것으로 추측할 수 있지. 섬유질에 감싸인 백제 금동대향로는 다시 칠기에 담겨 있었던 것으로 보여. 토기 조각과 기와 조각을 깔고, 칠기를 놓은 뒤, 섬유질로 싼 백제 금동대향로를 넣고, 그 위에 다시 토기 조각과 기와 조각을 덮었던 거야. 백제 금동대향로가 모양과 색을 잘 보존할 수 있었던 것은 칠기에 담겨 있었을 뿐만 아니라, 칠기가 부식한 후에도 진흙으로 뒤범벅되어 공기가 통하지 않았기 때문이야.

섬유에 싸이고, 칠기 속에 놓이고, 기와와 토기 조각에 묻힌 백제 금동대향로가 우연히 땅에 묻힌 것이 아니란 걸 눈치챘니? 누군가 철저히 계산해서 백제 금동대향로를 묻었다는 것을 추측할 수 있어. 그토록 아름다운 향로를 누가, 왜 진흙 속에 묻었을까? 고고학자들은 백제가 패망할 당시 누군가 향로를 급하게 묻고 떠났던 것으로 추측하고 있어. 궁궐에서 제사를 지낼 때 쓰는 물건이었던 만큼 함부로 할 수 없었을 거야. 그래서 나라가 망하고 떠나는 급박한 순간에도 향로를 깊숙이 숨겨 두고 갔던 게 아닐까 하고 말이야.

나라가 망하는 급박한 순간, 정성스레 향로를 칠기에 담아 수조에 넣어 묻었을 그 누군가의 마음과 손길을 생각하면 백제 금동대향로가 주는 감동은 더욱 커지는 것 같아. 훗날 후손들이 백제의 영광을 되살려 주기를 바라던 그 누군가의 바람은 1400여 년 만에 비로소 이루어진 게 아닐까? 유물이 상할까 손이 곱는 것도 잊은 채 발굴에 매달리던 고고학자 손에서 백제의 숨결이 살아났으니 말이야. 백제 금동대향로의 꿈틀대는 용과 여의주를 물고 하늘을 향해 날개를 펼친 봉황은 백제인의 삶과 소망을 담고 하늘로 날아오르고 있는 것 같구나.

몇백 년을 지난 금동대향로, 어떻게 녹슬지 않았을까?

정교하게 만들어진 백제 금동대향로는 몇백 년이 넘는 세월이 지나 발견되었고, 금속 유물인데도 여느 유물과 달리 크게 손상되지 않았어. 덕분에 백제 금동대향로가 어떤 의미를 지닌 유물인지, 당시 어떤 공예 기술이 발달했는지를 잘 알 수 있었지.

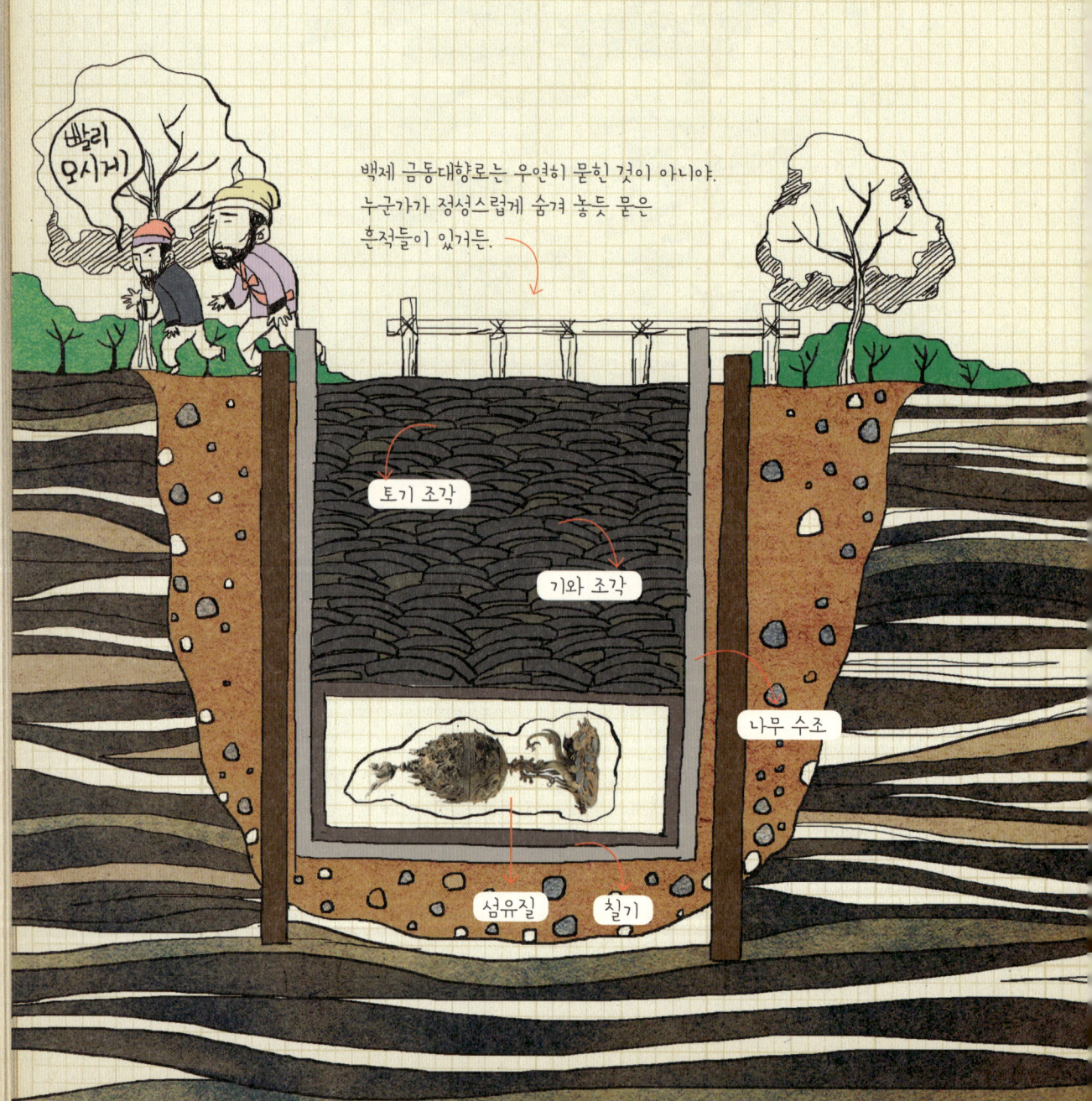

봉황의 앞가슴과 뚜껑 군데군데 구멍이 뚫려 있어 향의 연기가 나오도록 만들어졌어. 봉황의 가슴 부근에서 연기가 피어오르는 모습은 마치 신선의 세계를 보는 것 같은 신비로움을 느끼게 하지.

백제 금동대향로는 뚜껑과 몸체, 뚜껑 장식인 봉황과 용 모양의 받침대, 네 부분으로 이루어져 있어.

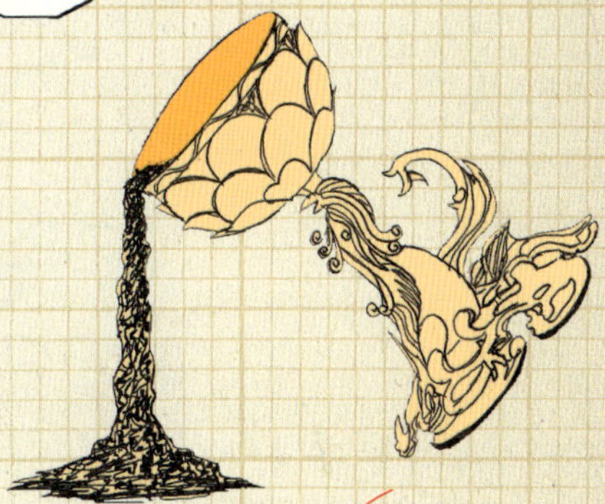

몸체는 재를 모으고 버리기에 편하게 만들어졌어.

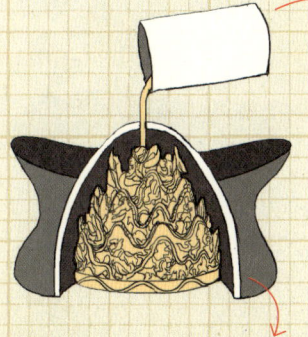

거푸집

백제 금동대향로는 각 부분을 거푸집을 이용해 한 번에 만들었어. 밀랍으로 만든 모형을 진흙으로 감싼 뒤 뜨거운 열을 가해 밀랍을 녹여서 거푸집을 만들고, 이 거푸집에 다시 녹인 청동을 부어 모양을 만든 거야. 이때 거푸집을 미리 가열하면 쇳물을 다 부을 때까지 온도 변화가 없어 기포가 생기지 않아. 그런 세심한 노력으로 매끈하고 아름다운 작품이 탄생할 수 있었던 거야.

무령왕릉

하룻밤 만에 열린
고대사의 블랙박스

우리나라 고고학 발굴사에서 가장 역사적인 사건으로 꼽히는 발굴이 있어.
발굴 유적도, 출토된 유물도, 더불어 발굴 과정도 사건 그 자체였지.
바로 충청남도 공주에 있는 백제 무령왕릉의 발굴!
처음부터 끝까지 온 나라가 떠들썩했는데
동시에 역사에 남을 최악의 발굴로도 기억되지. 왜일까?

삽에 걸린 벽돌, 발굴을 부르다

충청남도 공주의 송산리 고분군은 백제왕의 무덤이 7기(무덤을 세는 단위)나 모여 있어서 고분군이라고 부르는 곳이야. 계곡을 사이에 두고 서쪽에 3기, 동북쪽에 4기가 자리하고 있어.

1971년 7월 5일. 송산리 고분군 가운데 5호분과 6호분의 공사가 한창이었어. 집도 아닌 무덤에 웬 공사냐고? 무덤 천장이 낡아서 비가 많이 내리는 여름이면 새는 빗물로 무덤의 벽화가 훼손될 지경에 처했거든. 그래서 6호분 북쪽으로 물이 빠질 수 있는 배수로를 내기로 결정한 거야.

공사 책임자였던 문화재관리국(오늘날의 문화재청) 직원은 현장 인부에게 혹시라도 공사 중에 유물 비슷한 것이 나오면 즉시 국립공주박물관장의 지시를 받아야 한다고 신신당부해 두었어.

그런데 어떻게 된 일인지 땅을 파던 인부의 삽에 난데없는 벽돌이 걸려들었어. 즉시 국립공주박물관장에게 이 소식이 알려졌고, 뭔가 이상한 느낌을 받은 박물관장은 문제의 구덩이를 계속 파게 했지. 그리고 곧 아치형을 이룬 벽돌 구조물이 모습을 드러냈어.

배수로 공사는 당장 중단되었고, 보고를 받은 문화재관리국은 발굴단을 만들어 공주로 급히 내려보냈지. 상황이 얼마나 급박하게 돌아갔던지, 인부의 삽에 벽돌이 걸린 지 이틀 만에 바로 발굴이 시작되었어. 송산리 고분군은 왕릉이 모여 있는 곳! 여기에서 뭔가가 나왔다면 중요한 발굴이 될 가능성이 크기 때문에 지체할 시간이 없었어.

급하게 시작된 발굴의 첫 번째 과제는 삽에 걸려 나타난 아치형의 벽돌 구조물의 정체를 밝혀내는 것! 조사를 시작하자 곧 벽돌로 메워져 있는 아치형 입구가 드러났어. 현장에 모인 고고학자들은 너나 할 것 없이 흥분과 기대에 몸을 떨었지. 그건 바로 벽돌무덤의 입구였기 때문이야.

'전축분'이라고도 하는 벽돌무덤은 이름 그대로 벽돌을 한 장 한 장 쌓아서 만든 무덤으로 백제 시대에 주로 나타난 무덤 양식이야. 당시에 발견된 벽돌무덤 양식의 무덤은 송산리 고분군의 무덤 중 6호분뿐이었단다. 왕릉이 모여 있는 곳에서 발견된 벽돌무덤이라면 중요한 발굴이 될 것이 틀림없었지. 소식은 빠르게 퍼져 나가 각종 언론사의 기자들이 몰려들고, 현장은 뭔지 모를 흥분과 설렘, 기대와 우려 속에서 우왕좌왕했어.

그런데 예상치 못한 난관이 생겼지 뭐야. 저녁 무렵 내리기 시작한 비가 호우로 변하면서 무덤 입구에 물이 고이기 시작한 거야. 빗물이 무덤 입구로 들어가기라도 한다면 끔찍한 사고가 될 수 있는 상황이었어. 발굴단은 온몸에 비를 맞으며 가까스로 배수로를 만들어 빗물을 밖으로 흘려보냈어.

급하게 배수로가 만들어진 건 자정이 가까운 시간. 비는 밤새도록 퍼부었고 새벽이 되어서야 겨우 잠잠해졌어. 발굴단이 그렇게 힘겨운 시간을 보내는 사이, 공주에는 왕릉 입구를 파헤치자 천둥, 번개와 함께 소나기가 내렸다는 소문이 삽시간에 퍼져 나가고 있었어. 무덤 발굴은 고고학자는 물론이고 그 지역의 후손들에게 무척 조심스러운 일이기 때문에 그런 소문이 나는 것도 무리는 아니었지. 소동에 가까울 정도로 시끌벅적하게 시작된 이 발굴은 대체 어떻게 진행되었을까?

수수께끼 왕릉의 정체를 밝혀 준 석판

비가 어느 정도 그치자 새벽 5시부터 발굴이 다시 시작되었어. 다행히 빠른 조치를 한 덕분에 물도 잘 빠져 있고 무덤에도 이상이 없었어.

발굴을 시작하기 전 발굴단은 무덤 앞에 음식을 차려 놓고 절을 올렸단다. 이건 무덤을 열기 전에 무덤 주인에게 지내는 위령제야. 고고학자들 입장에서야 발굴이 역사적인 유적을 여는 학문적인 작업이지만, 무덤 주인에게는 대단한 실례가 아닐 수 없으니 간단하게나마 예의를 갖추는 것이지. 제사상에는 막걸리와 수박, 북어가 전부였어. 발굴 현장의 상황이 워낙 급하게 돌아간 탓에 너무나 간소한 제사상이 되고 말았지.

간단한 위령제를 지낸 후 곧바로 발굴 작업이 시작되었어. 벽돌과 흙이 너무 단단하게 입구를 틀어막고 있어서 입구를 여는 것부터가 쉽지 않았어. 하지만 고고학자들에겐 대단히 반가운 일이란 말씀! 입구가 이렇게 단단하게 봉해져 있다는 건 어느 누구도 손대지 않은 무덤이라는 것을 뜻하거든. 송산리 고분군의 다른 무덤들은 일제 강점기에 이미 도굴되어서 본래 모습을 잃어버린 상태였어. 그런데 이곳에 도굴되지 않은 무덤이 남았다니! 고고학자들은 흥분과 기쁨을 감추지 못했어.

발굴 작업은 새벽부터 시작되었지만 입구를 막고 있는 벽돌을 걷어내기 시작한 건 오후 4시가 넘어서였어. 발굴단이 드디어 맨 위의 첫 벽돌을 빼내는 순간, 구멍 사이로 뻥 뚫린 연도가 눈에 들어왔어. '연도'는 시신이 있는 무덤방과 바깥을 이어주는 터널 모양의 길을 말해.
 그렇게 벽돌 한 장 한 장을 조심스레 들어내고 있는데, 갑자기 무덤에서 하얀 수증기가 뿜어져 나왔어. 1000여 년 동안 밀봉된 무덤을 여니 무덤 안의 차가운 공기가 바깥의 더운 공기를 만나면서 순간적인 결로 현상이 일어난 거야. 지극히 과학적인 현상이었는데도, 무덤을 건드리자 뿜어져 나온 연기(수증기)는 갖가지 무성한 소문을 낳기도 했지.

입구를 막고 있던 벽돌을 모두 걷어내고 고고학자들이 무덤 안으로 발을 들여놓자, 사람들은 떨리고 긴장된 마음으로 그들의 뒷모습을 지켜보았어. 잠시 후 고고학자들이 무덤 속에서 다시 모습을 드러내자 현장은 온통 흥분과 긴장감으로 휩싸였어. 무덤에는 돌짐승, 중국산 네 귀 달린 항아리, 청동 거울 등 많은 유물이 있었는데, 유물 하나하나가 무덤 주인이 예사 인물이 아니라는 걸 보여 주고 있었어.

가장 놀라운 유물은 엽전 한 꾸러미가 놓인 석판이었어. 거기에 무덤의 주인이 누구인지 똑똑히 알려 주는 글이 새겨져 있었거든. 이건 정말 놀라운 일이 아닐 수 없어. 지금까지 아무리 훌륭한 유물을 간직한 무덤이라도 무덤 주인을 확실히 알 수 있는 무덤은 단 한 기도 없었거든. 아무도 손을 대지 않은 풍성한 유물, 뿐만 아니라 무덤의 주인까지 분명히 알려 주는 이 멋진 무덤의 주인은 대체 누구인 것일까?

석판에는 '묘지'가 새겨 있었어. 묘지는 무덤 주인의 직위와 이름, 사망일, 장례일, 묘의 위치 등을 기록한 글이야. 석판에는 '영동대장군백제사마왕'이라고 새겨 있었어. '영동대장군'은 중국 양나라에서 무령왕을 백제의 왕으로 인정한다는 뜻에서 내려 준 칭호야. '사마'는 생전에 무령왕을 가리키는 호칭이고, '무령'은 죽은 후에 그의 공덕을 칭송하면서 붙여진 시호야. 그래, 이 무덤의 주인은 바로 백제의 무령왕이었어.

무령왕은 백제가 한강을 잃고 웅진으로 수도를 옮긴 후 혼란한 백제를 안정시키고 왕권을 강화한 임금이야. 죽은 후에 받은 '무령(武寧)'이란 시호가 '무예로 나라를 평안하게 했다.'라는 뜻인 걸 보면 밖으로는 국방을 강화하면서도 안으로는 백성을 잘 다스렸다는 걸 알 수 있어.

　석판에는 왕의 이름뿐만 아니라 출생과 사망 연도까지 기록되어 있었어. 이것은 그동안 수수께끼처럼 남아 있던 백제의 고대사를 밝힐 수 있는 결정적인 단서가 되었지. 동시에 삼국 시대 연구에 정확한 기준 자료로서의 역할도 했고 말이야.

　석판에는 '무령왕이 523년 5월 7일에 죽었고, 약 27개월 후인 525년 8월 12일에 대묘에 안장되었다.'고 기록되어 있어. 이것은 《삼국사기》〈백제본기〉의 무령왕조에 '왕이 523년 5월에 죽었다.'는 기록과 정확히 일치해.

　무령왕의 묘지가 새겨진 석판 옆에는 또 하나의 석판이 나란히 놓여 있었어. 왕비의 묘지가 새겨진 석판으로 흥미롭게도 다른 면에는 매지권이 새겨져 있었지. '매지권'은 땅의 신으로부터 이 땅을 사서 묘를 만들었다는 표시야. 재미있는 것은 매지권이 새겨진 석판 위에 중국 돈인 오수전 90개가 놓여 있었다는 거야. 이 돈은 땅을 산 대가로 땅의 신에게 지불한 거야. 이것만 봐도 무덤이라는 유적은 단순히 죽은 사람을 땅에 묻은 흔적에 그치지 않고, 그 나라와 그 시대의 정신세계가 오롯이 담긴 문화의 결정체임을 알 수 있지.

　두 개의 석판 덕분에 고고학자들은 유물을 붙들고 무덤의 주인과 유적의 생성 연대를 알아내야 하는 수고를 덜게 되었어. 무덤에서 나온 왕과 왕비의 묘지와 매지권을 종합해 보면, 무령왕은 523년 5월 7일에 세상을 떠났고, 525년 8월 12일에 장사를 지낸 후 이 무덤에 묻혔어. 죽은 지 약 2년이 지난 뒤에 무덤에 묻힌 건, 당시에 3년 상을 지키기 위해 임시로 무덤을 만들었다가 큰 무덤(대묘)에 안장했기 때문인 것으로 추정한단다.

하룻밤 만에 갈무리된 역사의 수수께끼

　무덤 입구부터 놀라움을 안겨 준 무령왕릉은 벽돌무덤으로 무덤 양식 자체만으로도 놀랄 만큼 견고하고 아름다운 보물이야. 게다가 108종 3000여 점의 유물을 품고 있는 최고의 보물 상자였어. 그런데 이렇게 거대하고 중요한 유적과 유물의 발굴이 단 15시간 만에 끝났다면 믿을 수 있겠니?

　실제로 무령왕릉 발굴은 말 그대로 하룻밤 사이에 모두 끝나 버리고 말았어. 제대로 발굴했다면 몇 년이 걸려도 모자랄 정도로 거대하고 중요한 유적이었는데 말이야. 이것은 무령왕릉 발굴을 역사에 길이 남을 만한 발굴로 기억하는 여러 이유 가운데 하나가 되고 말았단다. 대체 왜 그렇게 서둘러 발굴을 끝낸 걸까?

　당시 발굴단이 무령왕릉의 입구를 막고 있던 벽돌을 걷어내고 무덤 안을 둘러보고 나왔을 때 무덤 밖은 기자들로 북새통을 이루고 있었어. 그런 와중에 무령왕과 왕비의 지석(묘지나 매지권 등 무덤의 정보가 담긴 석판)을 완벽하게 갖춘 무덤이라는 사실을 밝히자, 현장은 그야말로 난리가 났어. 서로 사진을 찍으려는 기자들 때문에 발굴을 채 시작하기도 전에 무슨 일이 날 것만 같았지. 기자들의 아우성과 성화에 못 이긴 발굴단장은 한 사람씩 차례로, 한 컷씩만 찍어야 한다는 조건을 걸고 사진 촬영을 허락했어. 왕릉이 확실하다면 그건 특종 중에 특종! 기자들이 취재 경쟁을 벌일 수밖에 없는 상황이었어. 그런 경쟁의 열기 속에서 발굴단장이 내건 조건이 잘 지켜질 리 없었지.

어떻게든 특종이 될 만한 사진을 찍으려는 기자들의 취재 열기와 혹 유물이 어떻게 될지도 모른다는 발굴단의 불안감 속에서 발굴 현장은 아수라장이 되어 버렸어. 그 과정에서 결국 불행한 사고가 발생하고 말았단다. 발굴단은 무덤 안에 들어가서는 안 된다고 못을 박았지만, 누군가 좀 더 가까이 사진을 찍겠다는 욕심을 부리다 여섯 귀 항아리 옆에 있던 청동 숟가락을 밟아 부러뜨린 거야.

온 나라에 무령왕릉이 발견되었다는 소식이 퍼져서 언론사들은 앞다투어 취재진을 발굴 현장에 보내고 있었어. 발굴단은 뭔가 조치를 취해야 했어. 유적을 보호하기 위해 발굴단이 내린 결정은 될 수 있는 한 발굴을 빨리 끝내는 것이었지. 한바탕 전쟁과 같은 상황이 지나가고 저녁 8시가 되어서야 발굴단은 간신히 무덤 내부 실측에 들어갈 수 있었어.

실측은 유적이나 유물을 정확한 측정으로 기록하는 과정이야. 유물의 정확

한 위치를 표시하고 크기를 재고, 그것을 일정한 비율로 축소해서 모눈종이 위에 그려 넣지. 실측은 발굴이 끝난 후에도 발굴 현장을 훤히 들여다보듯 알 수 있도록 기록을 남기는 무척 중요한 과정이야. 발굴한 지 몇 년이 지나더라도 실측도만 보면 발굴 상황을 알 수 있으니 말이야. 발굴이 시간과 노력이 많이 드는 지난한 작업이 되는 이유 중에 하나는 바로 이런 자세하고 정확한 실측 작업에 있기도 해.

그냥 사진으로 찍으면 안 되냐고? 물론 사진도 다양한 각도에서 여러 장 찍긴 하지. 하지만 사진은 입체적인 발굴 상황을 남기기에는 한계가 있어. 예를 들어 어떤 유물이 어떤 모양새로 겹쳐 있었는지를 정확하게 알아보게 하려면 그 상황을 그림으로 그려서 남겨 두어야 해.

이렇게 중요한 실측 작업도 8시에 시작해 두 시간 만인 10시에 끝났어. 무령왕릉 발굴이 얼마나 급하게 이루어졌는지 알 수 있지. 자그마치 1450년의 세월을 견딘 무덤이었기 때문에 벽돌 사이사이에는 나무뿌리와 거미줄이 무성했거든. 그렇지 않아도 캄캄한 무덤 내부에서 실측을, 그것도 밤늦은 시간에 제대로 된 조명 시설도 갖추지 않고 했으니, 과연 제대로 된 실측을 했을까 하는 생각이 들 수밖에 없어. 그나마 찍은 사진도 나중에 보니 선명하지 못했어. 당시 발굴단에는 단 한 대의 카메라가 있었는데, 안타깝게도 카메라 플래시를 사용할 줄 아는 단원이 없었단다.

실측을 마치고 자정이 되어서 발굴단은 유물을 들어내기 시작했어. 각종 항아리, 석판, 돌짐승, 왕과 왕비의 금제 관식(왕관 장식) 등 놀라운 유물이 수도 없이 나왔어. 서둘러 발굴을 끝내야 했던 발굴단은 대충 큰 유물만 들어내고 나머지는 큰 삽으로 무덤 바닥을 훑어 자루에 쓸어 담았어. 몇 년을 들여서 사진 찍고, 실측하고, 가장 적합한 발굴 방법을 연구하면서 조심스레 진행했어야 할 발굴 작업을 이렇게 해치운 거야. 세기에 남을 만한 발굴은 그렇게 하룻밤 사이에 끝나 버리고 말았어. 기자들의 과잉 취재 때문에 속전속결로 끝난 발굴이었는데, 결과적으로는 기자들의 사진과 기록으로 무령왕릉 발굴의 부족한 자료를 보충하게 되었다는구나.

무령왕릉 발굴이 그렇게 끝이 나고 유물은 모두 서울로 옮겨졌어. 당시 국립 공주박물관은 그 많은 유물을 보존하고 관리할 여건이 되지 못했거든. 그러자 공주 사람들은 공주의 유물을 서울로 보내는 것에 항의하며 일어났어. 발굴단장은 무령왕릉에서 나온 낡은 청동 신발을 들고 '유물이 중병에 걸렸으니 서울에서 고치지 않으면 썩어 없어진다.'라며 공주 사람들을 설득했다고 해.

이렇게 말도 많고 탈도 많았던 무령왕릉의 유물들은 1971년 7월 16일 새벽, 무장 경찰관들의 호위 속에 국립중앙박물관으로 옮겨졌어. 그리고 1972년, 무령왕릉의 유물들은 국립공주박물관이 새로 지어진 후 약속대로 다시 공주의 품으로 돌아갔단다.

도굴꾼의 착각이 불러온 운명적인 발굴

그런데 잠깐! 무령왕릉은 어떻게 도굴꾼의 손을 비껴갈 수 있었을까? 송산리 고분군의 다른 무덤들은 모두 일제 강점기에 도굴된 처지였는데 말이야. 무령왕릉만은 자신의 후손들에게 모습을 드러낼 운명을 타고난 걸까?

송산리 고분군 가운데 1호분에서 5호분까지는 1927년에 도굴꾼의 손에 훼손되었고, 6호분은 1932년 가루베 지온이란 일본인 교사가 조선총독부의 허락을 받고 발굴을 했어. 6호분은 무령왕릉과 같이 연꽃무늬 벽돌로 가로쌓기와 세로쌓기를 반복하여 벽을 쌓은 무덤이야. 무령왕릉이 발굴되기 전까지 백제 왕릉의 간판 스타는 단연 6호분이었지. 당시로서는 유일한 벽돌무덤인데다 사신도까지 있어 백제가 중국, 고구려와 교류한 흔적을 확실하게 보여 주었거든.

그런데 가루베 지온은 6호분에서 나온 유물을 고스란히 자기가 챙기고, 조선총독부에는 이미 도굴된 것으로 보고했어. 광복 후 가루베 지온은 훔친 유물을 트럭에 싣고 대구로 가서 다른 일본인과 함께 일본으로 유물을 가져가 버렸어. 그리고 이렇게 약탈한 유물을 가지고 《백제 유적의 연구》라는 책까지 펴냈지 뭐야. 말이 발굴이지, 최악의 도굴이 아니고 뭐겠어. 그는 세상을 떠나기 1년 전인 1966년, 6호분의 사진 자료를 한국인 제자에게 보냈는데, 이때에도 유물이 나온 사진은 빼놓고 보냈다고 해.

우리는 6호분의 유물을 사진으로조차도 만나 보지 못하게 되었지. 학자들은 6호분이 무령왕 앞인 동성왕이나 뒤인 성왕의 무덤일 것으로 추측하고 있어.

그나저나 이 도굴꾼 가루베 지온은 6호분과 맞붙어 있는 무령왕릉은 왜 가만히 두었을까? 그는 무령왕릉을 5호분과 6호분을 위한 인공 언덕으로 보았던 것 같아. 이 언덕, 그러니까 무령왕릉에 올라 기념 촬영까지 했거든. 정말 다행스러운 실수가 아닐 수 없지. 도굴꾼의 착각이 무령왕릉을 살렸다니, 이것이야말로 운명일까?

무령왕릉 발굴은 국내 발굴 역사에서 최악의 발굴이라는 오점으로 남았지만, 이로써 우리 고고학이 크게 발전하는 계기가 되기도 했어. 다시는 그런 실수를 하지 말아야 한다는 다짐을 뼈에 새겼다고 해도 과언이 아니거든.

무령왕릉을 되살리다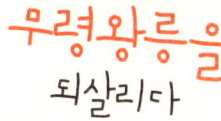

고대 무덤의 주인을 알 수 있었던 최고의 발굴이자 하룻밤 만에 끝난 발굴의 주인공인 무령왕릉의 원래 모습은 어떠했을까? 제대로 된 기록은 부족했지만 고고학자들은 최선을 다해서 발굴 전 무령왕릉의 모습을 복원했어.

무덤 주인에 대한 정보가 상세히 담겨 있는 지석. 덕분에 많은 정보를 얻었다.

왕비(왼쪽)와 왕(오른쪽)의 관.

왕의 권력을 나타내는 금동 밥그릇과 청동 숟가락, 청자 단지.

무덤을 지키는 돌짐승, 진묘수. 멧돼지를 닮은 듯 묘하게 생겼다.

땅의 신에게서 이 땅을 샀다는 매지권 위에 그 대가로 놓인 오수전 90개.

아차산 보루

한강을 지킨
고구려의 최전방 요새

2000년의 역사를 담고 서울을 관통하며 묵묵히 흐르는 한강.
한성 백제의 수도인 풍납토성과 강 건너 아차산,
그리고 지금은 아파트 숲으로 변해 버린 구의동은
5~6세기 한강을 둘러싼 삼국 전쟁의 사연을 간직하고 있어.
그 쟁탈의 역사를 입증이라도 하듯 한강변에서 요새들이 발굴되었어.
그 가운데 고구려의 최전방 요새를 발굴하던 때로 가 보자.

삼국의 역사는 한강 쟁탈전의 역사

《삼국사기》는 백제가 함락되던 당시의 긴박한 상황을 이렇게 기록하고 있어.

> 서기 475년, 고구려 장수왕은 군사 3만을 거느리고 백제의 왕도 한성을 포위했다. 백제의 개로왕은 성문을 닫고 능히 나가 싸우지 못하였다. 고구려는 군사를 네 길로 나누어 양쪽에서 공격하고, 바람을 이용해 불을 놓아 성문을 불태웠다. 고구려는 북성을 공격, 7일 만에 함락시키고, 남성으로 옮겨 공격하였다. 개로왕은 어찌할 바를 몰라 기병 수십을 거느리고 성문을 나가 서쪽으로 달아났다. 지난날 개로왕의 신하였다가 고구려에 망명한 장수 재증걸루와 고이만년은 개로왕을 보고 말에서 내려 절한 다음, 왕의 얼굴에 세 번 침을 뱉고 그 죄를 꾸짖었다. 그러고는 왕을 포박하여 아차성 아래로 보내 죽였다.

아차성에 끌려가 부하들 손에 죽음을 맞이한 개로왕은 수백 년 동안 한강을 차지했던 나라의 왕이라고 하기엔 너무나 비참한 최후를 맞았어. 이렇게 백제는 한성 시대의 막을 내리고 웅진 시대를 열었지.

《삼국사기》에 기록된 북성은 풍납토성, 남성은 몽촌토성, 아차성은 아차산성으로 추정돼. 한성 백제를 함락시킨 고구려는 그 후 76년 동안 한강 유역을 차지하고 신라와 백제를 상대로 전쟁을 벌이며 몽촌토성과 아차산 일대에 수십 개의 요새를 쌓았어. 그러나 551년, 연합을 맺은 백제와 신라에게 한강을 빼앗기고 말지. 553년에 백제를 물리친 신라가 한강 쟁탈전의 최후 승자란다.

한강을 점령한 나라가 한반도의 패권을 잡았다고 할 정도로 한강 유역은 수로 교통의 요지이자 대중 교류의 관문으로 삼국 시대의 전략적 요충지였어. 고구려, 백제, 신라는 한강의 주도권을 잡기 위해 삼국이 통일될 때까지 250여 년 동안 치열한 전투를 벌였지. 그 결과, 한강 유역을 점령한 나라는 패권을 잡고, 반대로 한강을 빼앗긴 나라는 쇠퇴하게 되었어. 그러니 삼국 시대의 한강 유역은 단순히 지리적으로 점령하는 데 의의가 있었던 것뿐만 아니라 정치·경제·군사적으로도 대단히 중요한 의미를 지녔던 거야.

한강 유역 고구려의 흔적, 나팔입항아리

한때 한강 유역을 차지하며 승자로 우뚝 섰던 고구려. 하지만 한강 주변의 풍납토성이나 몽촌토성 어디에도 고구려 이야기는 좀처럼 등장하지 않아. 몽촌토성은 1988년 서울 올림픽 바람을 타고 공원이 들어서면서 발굴에 들어갔는데 상당수의 백제 유물이 출토되면서 백제의 왕성이 아닐까 하는 기대를 받았지.

그런데 그해 어느 겨울 밤, 몽촌토성에서 나온 토기 조각들을 정리하던 한 고고학자의 눈에 이상한 게 발견되었어. 수많은 백제 토기들 사이에서 낯선 토기 조각 하나가 눈에 띈 거야. 그는 한 달이 넘도록 토기 조각들과 씨름한 끝에 토기를 복원하는 데 성공했어. 복원된 토기는 이제까지 남한에서 출토된 적이 없는 전형적인 고구려 토기였어. '나팔입항아리'라 불리는 이 토기는 긴 목과 나팔처럼 벌어지는 입구, 4개의 손잡이가 있는 게 특징이야. 주로 무덤의 껴묻거리용이나 의례용으로 쓰이던 거지.

나팔입항아리의 발견 이후 백제 토기들 사이에 고구려 토기들이 섞여 있는 것이 속속 밝혀졌어. 475년, 한성 백제를 함락시킨 고구려군이 몽촌토성에 머무르는 동안 사용한 토기들이었어. 끈기 있게 토기와 씨름한 한 고고학자의 노력은 한강 유역에서 고구려의 흔적을 찾아내는 발굴로 이어졌단다.

백제의 몽촌토성에서 발견된 고구려의 나팔입항아리. 항아리의 넓은 입구와 네 개의 손잡이가 독특!

아차산에서 고구려 보루를 만나다

아차산은 삼국 시대 한강의 주도권을 잡기 위해 반드시 점령해야 할 전략적 요충지였어. 한강을 중심으로 주변의 풍납토성, 몽촌토성, 이성산성, 남한산성, 북한산성 등을 한눈에 조망할 수 있었기 때문이야. 이러한 이유로 250여 년 동안 치열한 전투가 끊이지 않았던 격전지였지.

아차산 유적 발굴은 1997년 가을부터 본격적으로 시작되어 10년 넘게 이어졌어. 발굴 기간 동안 발굴 단원들은 날마다 등산하듯 산에 올라 한여름엔 찜통더위, 한겨울엔 칼바람과 맞서면서 발굴을 했지.

아차산 유적에는 치열하게 뺏고 빼앗기던 한강 쟁탈전의 역사가 그대로 남아 있었어. 아차산성에서는 고구려, 백제, 신라 삼국의 유물이 함께 출토되었지. 아차산성은《삼국사기》에 '아단성'이란 이름으로도 등장하는데 백제가 고구려의 침략에 대비해 쌓았다고 기록되어 있어. 백제 초기의 전략적 요충지였음을 알 수 있지. 그러다 백제 개로왕 때 고구려가 잠시 차지했다가 신라로 넘어가는데, 신라와 고구려의 한강 유역 쟁탈전 때 싸움터가 된 중요한 요새였어. 백제가 고구려에 한강을 빼앗기면서 성도 빼앗겼다면, 반대로 고구려는 한강을 차지하면서 성도 차지했겠지? 즉 한강을 차지하는 나라가 성도 차지했다는 말이지. 그래서 아차산성에는 삼국의 흔적이 모두 남아 있어.

특히 아차산성 정상에는 고구려의 흔적이 선명하게 드러났어. 대형 건물터, 간이 대장간의 터, 사용자의 신분이나 토기 제작터 등이 기록된 토기와 화살촉, 말 장식품 등 고구려 유물 1000여 점이 발굴되었어. 그리고 백제와 신라의 유물들도 많이 나왔어. 신라가 최후에 한강 유역을 차지하며 삼국 통일을 이룬 이후에도 아차산성이 위치상 여전히 중요한 역할을 했던 거야.

아차산 일대에는 여러 개의 보루가 확인되었어. 보루는 적의 공격에 잘 견디도록 지은 건축물이야. 산성보다는 작지만 견고하게 지은 중요한 방어 시설이지. 보루에 들어간 군사는 진을 치고 들어앉아 적이 오는지를 감시하고 공격하고 방어했어.

구리시와 서울시에 걸쳐 있는 아차산과 용마산 일대에는 둘레 100~300미터

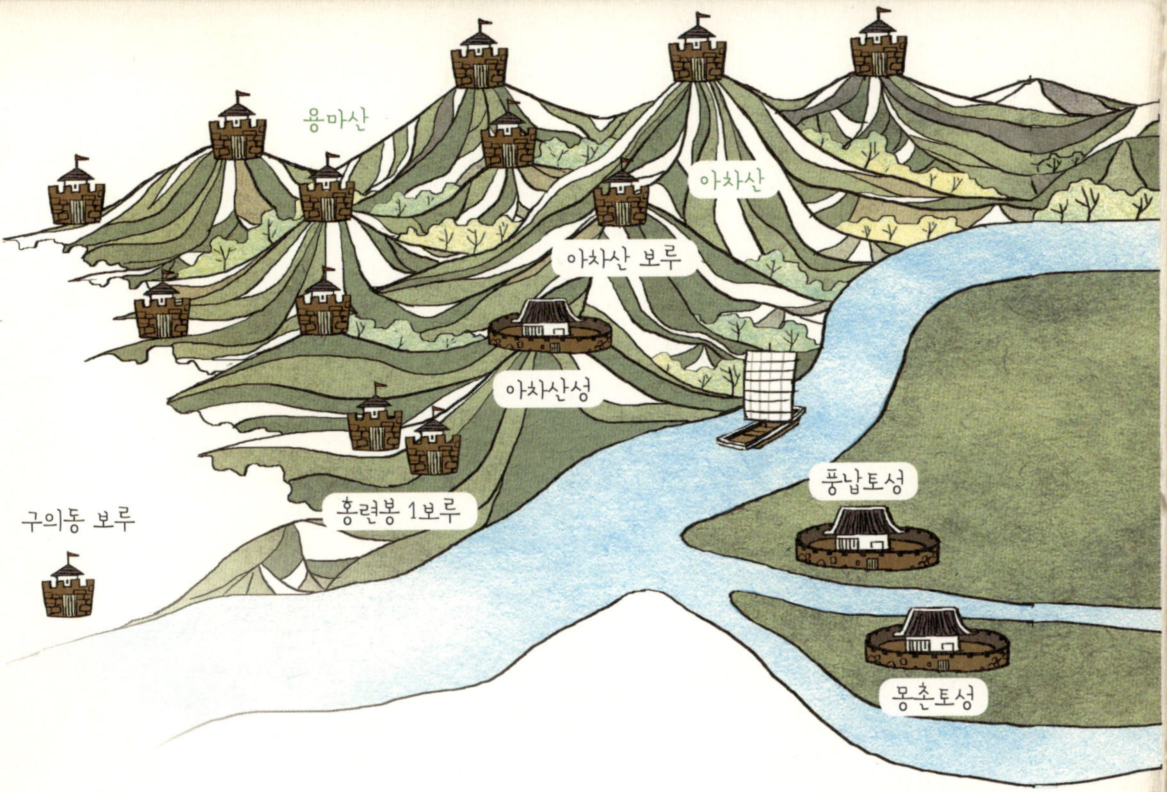

안팎의 보루 20여 곳이 능선을 따라 늘어서 있어. 백제 개로왕을 물리친 고구려 장수왕은 한동안 몽촌토성에 군대를 주둔시키다 6세기 초에 진지를 한강 이북으로 후퇴시켰어. 그리고 이렇게 여러 개의 보루를 쌓고 80년 동안 남진정책의 전초 기지로 삼았던 거야.

보루, 고구려 군사들의 삶을 보여 주다

아차산 일대 보루 유적에서는 수많은 고구려 유물들이 출토되었어. 홍련봉 1보루에서 당시 고구려 궁궐에서 사용한 기와가 나왔고, 수락산 보루 일대에서는 철제 마구와 토기 조각이, 아차산 보루에서는 건물터, 돌널무덤, 쪽구들, 토기, 철기 등이 나왔지. 이런 유물들 덕분에 보루의 구조는 물론 고구려 군사들의 생활을 한눈에 알아볼 수 있게 되었어.

보루는 크게 성곽과 내부 시설로 이루어져 있어. 보루의 규모는 조금씩 다르지만, 공통적으로 돌을 이용해 원형이나 타원형의 성벽을 쌓았어. 성벽에는 고구려군의 독특한 방어 시설인 '치'가 설치되어 있어 성벽 앞과 좌우에서 공격하는 적을 방어할 수 있었지. 군사들은 10명, 50명, 100명 단위로 머물렀고, 아차산 일대에 머문 전체 고구려 군사의 수는 2000여 명 정도로 추측하고 있어.

보루는 전쟁을 위한 시설이기도 했지만, 군사들의 생활공간이기도 했어. 성곽 안에는 군사들이 생활할 수 있는 건물과 저수 시설, 배수 시설, 난방 시설 등이 갖추어져 있었어.

보루에서 발견된 여러 흔적들은 군사들의 생활을 짐작할 수 있게 해 주지. 농사를 지어서 먹고 살았던 흔적, 무기와 농기구 따위의 철기를 만들고 고쳤던 간이 대장간, 디딜방앗간, 토기를 구웠던 가마 등의 흔적 말이야. 이러한 흔적을 통해 전쟁이 없었을 때 철제 보습 등의 농기구로 농사를 짓던 군사, 대장장이 군사, 요리를 담당했을 군사, 토기를 구웠을 도공 군사의 모습들을 떠올려 볼 수 있어.

기록에 따르면 당시 군사들은 고향을 떠나 3년 정도 변방에 배치되어 근무했다고 해. 아차산 보루에 머물렀던 군사들은 끊이지 않는 위험한 전투와 언제든 전쟁이 일어날 수 있다는 불안감 속에서 고향으로 돌아갈 날을 손꼽아 기다리며 하루하루를 보냈을 거야.

그렇다면 이렇게 힘겹게 버티던 고구려군이 보루를 떠난 건 언제였을까?

475년, 고구려는 백제가 차지하고 있던 한강 유역을 차지했어. 그 후 충청북도 진천, 청원, 대전까지 밀고 내려갔지. 백제는 신라와 손을 잡고 한강을 회복할 기회를 엿보고 있었어. 551년, 마침내 백제와 신라의 연합군은 고구려를 기습적으로 공격해 한강 유역을 다시 빼앗는 데 성공했어. 이때 구의동 보루를 비롯한 한강변의 작은 보루들이 불타고, 아차산 보루에 있던 고구려 군사들도 철수하기에 이르렀지. 한강 유역을 포기하고 북쪽 방면으로 후퇴한 거야. 그렇게 주인이 떠난 고구려의 보루들은 서서히 땅속에 묻혀 갔어.

아차산의 보루 중에는 7세기에 신라군이 잠시 사용한 흔적이 발견된 것도 있지만, 신라가 삼국을 통일한 후 보루는 더 이상 아무도 눈여겨보지 않는 곳이 되었어. 본래의 목적을 잃어버린 채, 그저 한강을 둘러싸고 치열하게 각축을 벌였던 역사를 고스란히 간직한 현장으로만 남게 되었지.

아차산 일대 보루 발굴이 큰 의미를 지니는 것은 남한에서 처음으로 발굴된 고구려 유적이라는 점 때문이야. 남북 분단으로 인해 고구려 연구는 북한을 중심으로 이루어질 수밖에 없었어. 물론 중국을 통해 고구려를 연구하는 길이 있었지만, 한계가 있을 수밖에 없었지. 최근엔 중국이 동북공정이라는 연구 프로젝트를 통해 고구려사를 중국사로 편입시키려는 상황이라서 남한에 있는 고구려 유적의 중요성이 더 커지고 있어.

그런데 이처럼 중요한 유적이 오늘날에는 안타깝게도 등산로, 체육 시설, 군사 시설 등으로 훼손되고 있어. 구의동 보루 같은 경우에는 발굴 이후 아파트 숲으로 변해 흔적을 찾기도 힘들어. 남한에서 발굴된 고구려의 역사적인 현장을 잘 지키고 연구하는 방법을 진지하게 고민해 봐야 할 때야.

고구려군의 보루, 고구려인의 생활상을 보여 주다

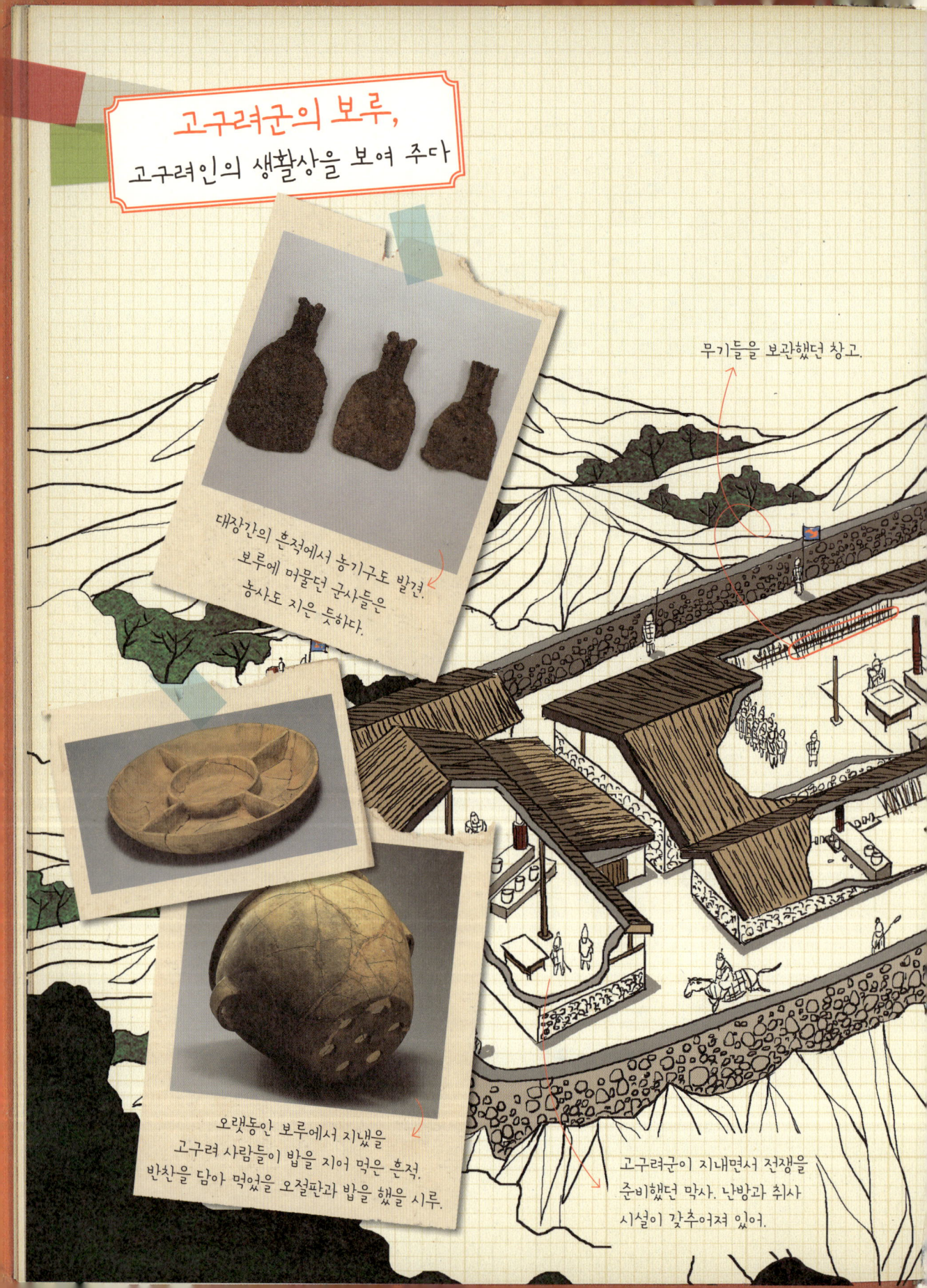

대장간의 흔적에서 농기구도 발견. 보루에 머물던 군사들은 농사도 지은 듯하다.

오랫동안 보루에서 지냈을 고구려 사람들이 밥을 지어 먹은 흔적. 반찬을 담아 먹었을 오절판과 밥을 했을 시루.

무기들을 보관했던 창고.

고구려군이 지내면서 전쟁을 준비했던 막사. 난방과 취사 시설이 갖추어져 있어.

필요한 물을 저장해 두었던 저수 시설의 흔적.

마구류도 발견되었다. 말을 탈 때 발을 디디는 등자와 말의 입에 물리는 재갈.

당시 무기 중 하나인 도끼날. 보루는 전쟁을 위한 요새라서 여러 무기가 나왔다.

막사에는 난방 시설이 설치되어 있어 연기를 빼내기 위한 굴뚝의 흔적도 찾을 수 있어.

고구려군의 독특한 방어 시설인 '치'. 공격과 방어에 뛰어나지.

항아리로 만든 굴뚝. 굴뚝과 함께 쪽구들의 흔적이 나왔다.

황남대총

왕비에게 금관을 양보한 신라왕은 누구일까?

신라의 오랜 도시 경주에서 거대한 발굴이 이루어졌어.
우리나라에서 가장 큰 무덤을 발굴했거든. 무덤 이름도 황남대총.
황남동에 있는 큰 무덤이란 뜻이야. 황남대총은 크기로도 최고지만,
출토된 유물도 최고라고 하기에 손색이 없어.
황금의 나라 신라의 진수를 볼 수 있는 거대한 발굴 이야기를 들어 보자.

거대한 무덤, 황금을 토해 내다

경주 황남동에는 봉긋하게 솟은 두 개의 큰 언덕이 눈에 띄어. 마치 표주박을 엎어 놓은 산처럼 생긴 이 언덕은 다름 아닌 '황남대총'이라는 무덤이야. 황남대총은 북분과 남분이 이어진 쌍무덤이야. 남분이 먼저 만들어지고 나서 북분이 만들어졌지. 그래서 발굴은 반대로 북분을 먼저 했어. 발굴을 할 때에는 나중에 조성된 걸 먼저 하는 것이 순서니까.

황남대총의 발굴 규모는 정말 어마어마했어. 발굴은 무덤을 덮고 있는 흙을 걷어내는 작업부터 시작했는데 등산을 하듯이 오르내려야 할 정도로 그 크기가 거대하다 보니, 무덤을 덮고 있는 흙의 양 또한 대단했지. 엄청난 양의 흙을 모두 걷어내자, 이번엔 돌무더기가 모습을 드러냈어. 황남대총은 신라만의 독특한 무덤 양식인 돌무지덧널무덤 양식을 따르고 있어. 돌무지덧널무덤은 시신을 넣은 관을 좀 더 큰 나무 곽에 넣고, 그 위를 돌로 덮은 후 흙으로 봉긋하게 덮어서 마무리해. 그래서 흙을 걷어냈을 때, 돌무더기가 나온 거야. 관을 담고 있는 나무 곽을 덮고 있던 돌을 모두 걷어내자 비로소 시신과 껴묻거리를 묻은 진짜 무덤의 흔적이 나타났어.

황남대총은 그 규모에 걸맞게 특별한 유물을 안고 있었어. 갖가지 황금 유물들이 쏟아져 나왔단다. 황금의 나라 신라의 진면목을 단단히 보여 주겠다는 듯 말이야. 금관과 황금 장신구, 귀금속과 그릇, 화려한 유리그릇 등 오랜 시간 땅속에 있었던 것이라곤 믿어지지 않을 만큼 화려한 유물들이 무덤 바닥에 촘촘히 박혀 있었어. 무엇보다 금관이 나왔다는 것이 대박이었어. 황남대총이 신라 왕의 무덤이라는 것을 확실히 말해 주는 거니까.

북분의 발굴을 마친 후 남분의 발굴이 이어졌어. 남분 역시 흙을 모두 걷어 내자 돌무더기가 나왔고, 돌무더기를 걷어내자 무덤방의 흔적이 고스란히 모습을 드러냈어. 북분에서 금관이 나왔던 터라, 나란히 있던 남분에서도 금관이 나오지 않겠냐는 기대도 받았지.

남분 또한 각종 유물들이 즐비해 있었어. 하지만 큰 기대를 했던 금관은 없었어. 금관 대신 금을 씌워 만든 금동관이 있었지. 그리고 특별히 무기로 쓰였던 것으로 보이는 유물들이 눈에 띄었단다. 또 하나 특이한 건 생각지도 못했던 사람의 뼈가 나왔다는 거야. 이 뼈가 무덤의 주인을 밝혀 줄 수 있을까? 나란히 붙어 있던 이 두 개의 무덤 주인은 대체 누구일까?

금관을 쓴 왕비와 금동관을 쓴 왕

 결과부터 말하자면 황남대총은 부부묘로 밝혀졌어. 남편과 부인의 무덤이 나란히 만들어진 것이지. 금관이 나왔으니 부부묘라면 왕과 왕비의 무덤일 가능성이 크겠지? 그렇다면 금관은 왕관, 금동관은 왕비관일 거라 모두들 확신했어.
 하지만 발굴단은 반대 결과를 내놓았어. 금관은 마립간(4세기 경 신라에서 왕을 지칭하는 말)의 부인(신라에서 왕비를 가리켰던 말 중 하나) 것으로, 금동관은 마립간의 것으로 밝혀졌단다. 발굴단도 북분에서 금관이 나왔을 때는 당연히 왕의 무덤일 거라고 생각했어. 그런데 금관과 함께 왕비의 물건을 나타내는 '부인대(夫人帶)'라고 새겨진 허리띠 장식품이 함께 나온 거야. 그렇게 명확한 증거가 있으니 생각을 바꿀 수밖에! 발굴단도 잠시 혼란스러웠어. 금관이 나오면 왕의

북분에서 모습을 드러낸 금관과 허리띠. 금관을 보고 왕의 무덤으로 확신했으나 함께 나온 은제 허리띠에 왕비를 가리키는 '부인'이라는 말이 새겨져 있다.

무덤이라는 공식이 깨지는 순간이었으니까.

반면 금동관이 출토된 남분 유물에는 각종 무기가 많은 수를 차지하고 있었어. 금관이 있던 북분에서는 그런 유물이 거의 보이지 않았거든. 이 또한 북분이 여성, 남분이 남성 무덤이라는 것을 뒷받침해 주는 사실이야.

정말 희한한 일이지? 왕의 무덤에서는 금관에 비하면 격이 낮은 금동관이 출토되고 왕비의 무덤에서는 장식이 뛰어난 수준 높은 금관이 발굴되었으니 말이야. 금관의 모양도 신라 금관의 전형적인 형태인 걸 보면 예외적으로 만들어진 것도 아닐 텐데, 대체 어떤 이유로 금관이 부인 무덤에서 나온 것일까? 이 무덤의 주인이 여왕이었다면 수수께끼가 쉽게 풀리겠지만, 남분에서 출토된 유물로 보아 남분은 왕의 무덤이 틀림없었어.

이러한 의문을 푸는 데 실마리가 될 만한 것은 남분에서 발견된 사람 뼈와 치아 27개였어. 뼈와 치아를 분석해 보니, 관 안에는 60세 가량의 남성의 시신이, 관 밖에는 148센티미터 키에 15세 가량의 여성의 시신이 있었다는 것이 밝혀졌어. 이것은 분명한 순장의 흔적이었어.

순장이라면 왕이나 귀족 혹은 남편이 죽었을 때, 신하나 종, 부인이 스스로 목숨을 끊거나 강제로 목숨을 잃고 시신과 함께 묻히는 거야. 황남대총은 부부묘라는 것이 밝혀졌으니 부인이 순장된 것은 아닐 테고. 그렇다면 혹시 남분은 60대의 왕과 왕이 아끼던 어느 소녀가 함께 묻힌 무덤인 걸까? 수수께끼는 쉽게 풀리지 않았어. 왕에게는 금동관을, 왕비에겐 금관을 껴묻거리로 묻었고, 순장의 흔적이 있는 무덤이라니! 왕과 왕비, 그리고 왕과 소녀 사이에 뭔가 숨겨진 이야기가 있을 것만 같지 않니?

금관이 나왔는데도 왕릉으로 불리지 않는 이유

무덤에는 여러 가지 이름이 있어. 발굴된 유물에서 여러 정보를 얻어 무덤의 이름을 정하는데 크게 능, 총, 묘의 세 가지로 무덤의 이름이 정해지지. 왕이 쓰는 왕관이나 왕이 묻혔다는 지석이 나오면 그 무덤은 왕릉이 되는 거야. 그럼 황남대총은 왜 황남대릉이 아닐까?

능은 왕이나 왕비의 무덤을 뜻해. 지석이나 확실한 기록이 남아 있어서 무덤의 주인을 뚜렷하게 알 수 있을 때 왕릉이라고 하지.

총은 왕이나 왕비의 무덤이 분명한데 주인이 누구인지 모를 때 붙이는 이름이야. 금관이 나왔지만 주인을 알 수 없는 황남대총이나 천마총처럼 말이야.

묘는 왕과 같은 지배자가 아닌 보통 사람들의 무덤을 가리켜. 무덤 주인이 밝혀지면 그 이름을 붙여 누구의 묘라고 불리지. 평범한 무덤에서도 때로 중요한 유물이 발견되기도 하지.

황남대총 연습 발굴이 천마총?

　무덤의 주인이 확실치 않지만, 황금 유물이 쏟아졌으니 황남대총 발굴을 대박 발굴이라고 평하는 것에 토를 달 사람은 없을 거야. 이런 황남대총을 발굴한 고고학자의 소감은 뿌듯하지 않았을까?

　그런데 황남대총을 발굴한 고고학자는 오히려 황남대총을 발굴하지 말았어야 하는 게 아닐까 하는 심경을 밝혔다고 해. 발굴은 유적이 있다고 해서 무조건 하는 게 아니야. 특히 하나밖에 없거나, 제일 크거나, 가장 오래됐다는 유적일수록 가능하면 손을 대지 않는 것이 좋을 수도 있지. 발굴은 잘못되었다고 해서 다시 할 수 없어. 한 번 손을 대면 그것으로 끝이지. 그런데 발굴과 분석 기술은 시간이 흐를수록 발전하고 있거든. 그러니 후손들의 손에 발굴을 맡긴다면 더 좋은 발굴이 될 수도 있지 않겠느냐 하는 거야.

　황남대총 발굴이 끝난 후 60대 남자와 15세 소녀의 유골은 봉안함에 담겨 다시 황남대총에 묻혔어. 발굴 당시만 하더라도 유골은 고고학적 유물로 크게 주목받지 못했고, 조상의 유골을 함부로 한다는 차가운 시선이 발굴단에 쏟아졌기 때문이야. 요즈음에는 유전자 분석이 고고학의 중요한 분야로 자리 잡았어. 만일 그 유골이 발굴 자료로 보존되었다면 황남대총의 주인을 추측이 아닌 과학으로 규명했을지 모를 일이지.

　황남대총을 발굴할 당시만 하더라도 우리나라에서는 이렇게 큰 무덤을 발굴한 경험이 없었단다. 무작정 파고 볼 수는 없었던 고고학자들은 고민 끝에 황남대총을 발굴하기 전에 근처의 작은 무덤을 먼저 발굴해 보기로 했지. 한마디로 연습 발굴을 해 보자는 것이었는데, 그 실험용 무덤이 바로 천마총이었어.

천마총은 그 안에서 '천마도'가 나왔다고 해서 붙여진 이름이야. 천마도는 말 탄 사람의 옷에 흙이 튀지 않도록 안장 양쪽에 달아 늘어뜨리는 장니에 그려진 그림이야. 보통 말을 그린 것으로 알려졌는데 최근에는 상상의 동물인 기린을 그린 것이라는 의견도 있단다.

천마총에서 발굴한 천마도 장니. 하얀 백마가 구름 속에 있는 것 같다.

천마도가 지금까지 알려진 신라 시대의 회화로는 가장 뛰어난 작품으로 손꼽히면서 천마총 발굴 또한 학계를 놀라게 했지. 게다가 천마총은 현재까지 출토된 금관 중 가장 큰 금관이 출토된 것으로도 화제가 되었어. 황남대총 발굴에 앞선 연습 발굴에서 예상치 못한 진귀한 보물까지 건져 냈으니 학계가 놀랄 만하지. 물론 가치 있는 유물을 건져 내는 것만이 발굴의 목적은 아니야. 특히 무덤 발굴에서는 유물이 나오든지 나오지 않든지, 무덤이 어떻게 만들어졌느냐를 발견하는 것 또한 의미가 커. 그것 역시 당시의 문화를 그려 보고 확인할 수 있는 중요한 증거가 되니까. 발굴의 최종 목적은 옛 흔적을 통해 당시의 문화 전반을 밝혀내는 것이란다.

황남대총의 주인은 대체 누구일까?

황남대총의 주인에 대해서는 발굴 당시부터 지금까지도 의견이 분분해. 남분에 마립간이라고 불린 신라의 최고 통치자가 묻혔던 건 확실한데, 누구의 무덤인지는 아직까지도 정리되지 않았어. 학자들은 소지왕, 내물왕, 눌지왕 등으로 추측하고 있어. 그들은 왜 무덤 주인의 후보가 되었을까? 그 행적을 간단히 살펴보자.

후보 1 소지왕 (재위 479~500년)

소지왕은 신라의 21대 왕이야. 황남대총 주인 후보로 오른 왕 가운데 가장 가능성이 높은 인물로 점쳐지고 있지. 그건 《삼국사기》에 소지왕과 그가 사랑한 '벽화'라는 이름의 소녀가 등장하기 때문이야.

500년, 소지왕이 날사군(지금의 영주)이란 지역에 시찰을 나섰던 어느 날, 파로란 노인이 16세 딸을 왕의 수레에 넣어 바쳤어. 소지왕은 수레를 열었다가 놀라 되돌려 보냈지만 그날 밤, 결국 그 소녀를 몰래 찾아가 하룻밤을 함께 보내지. 이 소녀의 이름은 벽화. 소지왕은 벽화를 몰래 궁궐로 맞아들여 별실에 두었고, 벽화는 아들을 낳았다고 해. 그런데 소지왕은 벽화를 만난 지 두 달 후에 세상을 떠났어. 황남대총의 주인을 소지왕으로 보는 건 바로 이 대목이야. 소지왕이 세상을 뜨자 젊은 벽화를 순장한 것이 아니냐는 거지.

하지만 좀 이상한 부분이 있지 않니? 그래, 소지왕이 세상을 뜬 것은 벽화를 만나고 나서 불과 두 달 후. 그 사이 벽화가 아들을 낳았다니 이야기의 앞뒤가 맞지 않아.

후보 2 내물왕 (재위 356~402년)

내물왕이 황남대총 주인으로 추측되는 것은 껴묻거리 때문이야. 남자의 무덤에는 금동관이, 여자의 무덤에는 금관이 부장품으로 묻힐 만한 왕을 마립간 중에서 찾아보면 내물왕이 후보에 오를 수 있다는 것이지.

내물왕은 신라의 17대 왕이야. 13대 왕이었던 미추왕의 조카이기도 하지. 내물왕은 왕이 되자 미추왕의 딸을 왕비로 맞이했어. 사촌 사이가 부부가 된 거야. 왕의 조카였던 내물왕이 왕의 딸을 왕비로 맞았으니,

왕비의 신분이 왕보다 더 높았어. 이렇게 왕손의 혈통을 따지자니 내물왕과 왕비는 신분의 차이가 났지. 이 때문에 먼저 죽은 내물왕 무덤에는 금동관을, 나중에 죽은 왕비의 무덤에는 금관을 넣어 묻었던 게 아닐까 추측하는 거야.

후보 3 눌지왕 (재위 417~458년)

만약 황남대총이 내물왕의 무덤이라면 내물왕이 세상을 떠난 후 왕위를 계승한 실성왕 때 만들어졌을 거야. 그런데 실성왕 때는 정치적으로 불안한 시기였고, 김씨 문중의 경쟁 상대였던 석씨 문중이 아직 힘을 떨치고 있던 시기였기 때문에 황남대총과 같은 큰 무덤을 만들기는 힘들었을 거라고 보기도 해.

그래서 떠오른 후보가 19대 왕인 눌지왕이야. 눌지왕 때는 석씨 문중이 힘을 잃고 박씨 문중까지 김씨 문중에게 굴복하면서 정치의 안정기를 맞이하거든. 게다가 눌지왕 때 역대 왕릉을 다시 고치고 보수한 일이 있기 때문에 황남대총과 같은 초대형 무덤도 만들어질 수 있었다는 거야. 하지만 황남대총에서 나온 유물들의 연대가 눌지왕 때보다 앞선다는 사실이 눌지왕을 유력한 후보로 보기 힘든 걸림돌이 되지.

> 코딱지만 해서 숨이라도 쉬겠냐! 더 크게!!

이 세 명의 후보 외에 실성왕(재위 402~417년)도 키 때문에 황남대총의 주인 후보로 거론되긴 했어. 역사에 기록된 실성왕의 키가 7척5촌(약 180센티미터)인데, 이는 출토된 금동관 끝에서 허리띠드리개 맨 끝까지의 길이(181센티미터)와 비슷하거든. 그 옛날 그렇게 키가 큰 왕이 흔치 않았으니 그럴 법도 하지.

이렇게 무덤의 주인을 두고 여러 추측이 무성한 황남대총. 최근에는 금관이 무조건 금동관보다 수준이 높은 것으로 보기 힘들다는 의견도 나왔어. 금관은 장례용이고 금동관은 왕이 살아 있을 때 의례용으로 사용하던 것으로 볼 수 있다는 거야. 이에 따라 황남대총 남분에서 발굴된 6점의 금동관은 왕이 궁궐의 여러 의식을 비롯해 제사를 지낼 때 사용한 게 아닐까 추측하기도 해.

복천동 고분군

무덤 속 철갑옷,
임나일본부설을 잠재우다

한때 찬란한 전성기를 누렸지만 역사 속으로 사라져 버린 비운의 왕국이 있어.
바로 가야 왕국. 분명 존재했지만 우리 기록에 남아 있지 않아.
베일에 싸인 역사로 남아야 했던 그 가야 왕국이
부산 복천동 고분군 발굴로 생생히 살아났어.
가야의 눈부신 영광을 쏟아내는 것도 모자라 왜곡된 역사를
순식간에 잠재운 복천동 고분군 발굴 이야기에 귀 기울여 보자.

포클레인이 부순 조상들의 무덤방

1950년에 발발한 한국 전쟁으로 많은 이들이 삶의 터전을 잃었어. 총탄을 피해 피란길에 오른 사람들은 낯선 곳에다 새로운 터전을 일궈야 했지. 부산 동래구 복천동의 얕은 구릉에도 피란민이 모이기 시작했는데 피란민은 단 한 평의 땅이라도 판자를 이어 붙일 공간만 있다면 허술하기 짝이 없는 집이라도 짓고 살아야 했어. 그렇게 일본말로 '하꼬방'이라 불리던 판잣집들이 하나둘씩 다닥다닥 늘어서 판자촌을 이루었고, 무허가 판자촌은 피란민의 애환이 녹아든 장소를 대표하게 되었지.

그런데 1969년 부산시가 이 무허가 판자촌을 허무는 공사를 시작하면서 복천동은 더욱 더 특별한 곳으로 주목을 받게 됐어. 알고 봤더니 판자촌이 세워진 복천동 구릉이 2세기부터 7세기에 이르는 500여 년 동안 그곳에 터를 잡고 살던 조상들의 공동묘지였던 거야!

본격적인 가을이 시작되던 9월 중순, 복천동 판자촌에는 불도저와 굴착기의 굉음이 울려 퍼지고 있었어. 터파기 공사가 한창이었는데, 자꾸 이상한 것들이 공사 관계자들 눈에 띄는 거야. 흙무더기에 토기 조각들이 섞여 나오기 시작하더니, 급기야 구멍이 뻥 뚫린 것 같은 공간이 나온 게 아니겠어. 공사 관계자들은 뭔가 이상하다며 고개를 갸우뚱거리면서도 공사를 멈추지 않고 계속했어. 큰 구멍 같은 그 공간이 무덤방인 줄은 꿈에도 생각하지 못했던 거지.

그 결과 포클레인이 무덤방을 무참히 부수었고, 무덤방에 있던 유물들은 이 사람 저 사람 손을 옮겨 다니다 사라져 버렸어. 이런 말도 안 되는 심각한 사태가 벌어지고 나서야 공사는 중단되었어. 뒤늦게 현장에 달려 나온 부산시 공무원이 없어진 유물들을 찾아 주민들 한 사람 한 사람을 찾아다니며 가져간 유물들을 모으는 수고를 아끼지 않았지만, 그때 사라진 유물이 모두 회수되었는지는 알 수 없는 노릇이지.

 소동을 일으킨 무덤 속 천년수

　문화재관리국이 나서면서 9월 말에 복천동 구릉 긴급 발굴이 본격적으로 시작되었어. 하지만 상황이 순조롭지만은 않았어. 새로운 터전이 일구어질 것을 기대하고 있던 주민들이 난데없는 발굴 소동으로 공사가 늦어지자 항의를 하고 나섰거든. 발굴 현장에는 경찰이 대기하며 주민들의 소동을 잠재워야 했지.
　이렇게 어수선한 상황에서 시작된 발굴은 황당한 에피소드를 낳기도 했어. 발굴이 시작되어 발굴단이 공사 중에 파손된 무덤의 덮개돌을 들어 올렸을 때, 한 무덤방의 끝 부분에서 항아리 하나가 발견되었어. 높이 109센티미터에 입구 지름이 53센티미터나 되는 상당히 큰 항아리였지. 항아리 안에는 손잡이가 달린 큰 잔이 9개나 들어 있었고, 언제 고였는지 알 수 없는 물이 가득 채워져 있었어. 바로 이 물을 두고 엉뚱한 추측과 소문이 나돌았어. 항아리의 물이 1000년 동안 정수된 천년수로, 그 물을 마시면 무병장수한다는 거야. 이야기만

들으면 정말 황당하기 짝이 없는데, 당시 소문을 들은 사람들은 서로 그 물을 마시겠다며 난리 법석을 부렸다고 해. 발굴단이 가까스로 진정시키긴 했는데, 다음날 항아리의 물은 흔적도 없이 사라져 버렸지. 발굴 작업에서 나오는 것은 물 한 방울이라도 그냥 버려서는 안 되고, 성분 분석을 거쳐서 여러 사실과 가능성을 분석해야 하는데, 정말 어이없는 일이 벌어진 거야.

 철강 왕국 가야, 기지개를 켜다

복천동 구릉에서 발견된 무덤들은 그 형식과 출토된 유물을 분석한 결과, 가야의 무덤으로 밝혀졌어. 가장 먼저 발굴을 시작한 1호분에서 금동관과 무려 100개에 달하는 덩이쇠(철정)가 나왔어. 《삼국지》〈위서 동이전〉의 변진조를 보면 '물건을 사고 팔 때 철을 사용했는데, 이것은 마치 중국에서 전폐(화폐)를 사용하는 것 같았다.'는 구절이 있어. 이것으로 당시 덩이쇠는 화폐의 역할을 대신했음을 짐작할 수 있어. 덩이쇠와 함께 철검, 철창, 철촉 등의 무기류와 말 재갈을 비롯한 철기 마구(말을 부릴 때 쓰는 도구)류 등도 여러 점 발견되었어. 그런데 재미있는 것은 이 무덤에서 나온 철제 유물들을 분석해 보니 모두 무덤에서 나온 것과 같은 덩이쇠를 재료로 만들어졌다는 거야. 덩이쇠는 요즘의 금괴와 같다고 볼 수 있어. 금괴처럼 화폐의 역할도 하고, 녹여서 다양한 물건을 만드는 재료가 되기도 했으니까.

짐작할 수 있듯이 가야는 철강 왕국이었어. 가야의 주요 중심지는 좋은 철이 많이 나는 원산지였고, 가야는 철을 가공하는 기술력이 발달한 나라였어. 철기 시대라고 해도 철을 쉽게 구하기 어려운 시절이었으니 철은 가야의 부와 힘의 원천이었지.

복천동 고분군은 1호분을 시작으로 가야 왕국의 실체를 하나씩 드러내고 있었어. 새로운 무덤들이 계속해서 모습을 드러내면서 구릉 전체에 어마어마한 고분군이 형성되어 있었다는 것을 알게 되었지. 그것도 어느 누구도 손대지 않은 상태로 말이야!

그런데 이 사실에 고고학자들이 흥분하고 있는 사이, 한쪽에서는 심각한 사태가 빚어지기도 했어. 유적의 규모와 중요성을 감안해 복천동 고분군의 보존에 관한 이야기가 자연스레 흘러나오자, 새로운 연립주택이 지어질 것을 기대했던 주민들이 쫓아와 문화재관리국 담당 공무원에게 폭력을 휘두르는 일이 벌어진 거야. 다행히 부산시가 복천동 고분군의 땅을 사들이고, 그곳에 살던 사람들이 이주할 곳을 마련하는 등 발 빠른 조치를 취한 덕분에 주민들의 항의를 잠재우고 발굴도 무사히 진행할 수 있었어.

복천동 무덤에서 나온 가야 시대의 덩이쇠. 쉽게 사용할 수 있도록 가공된 상태다.

복천동 고분군은 가야의 보물 상자라고 해도 과언이 아니었어. 무덤 안에 완전한 밀봉 상태로 보존된 가야의 역사와 문화가 속속 그 모습을 드러냈지. 특히 11호분과 22호분은 3톤에 달하는 육중한 덮개돌이 4장씩이나 무덤을 덮고 있었어. 덮개돌의 틈새는 작은 돌들이 메웠고, 그 위는 진흙이 발라져 있었어. 이것만 보더라도 완벽한 밀봉 상태의 무덤이 확실했지.

덮개돌 사이를 채우고 있던 작은 돌 하나를 들어내니 틈 사이로 무덤의 내부가 보였어. 흙먼지로 뒤덮인 바닥에 뭔가가 기차 레일처럼 쫙 깔려 있었는데, 다름 아니라 덩이쇠였어. 시신이 담긴 나무 관을 올려놓기 위해 바닥에 먼저 깔아 놓은 것이었지. 유용하게 쓰였던 귀한 덩이쇠는 죽은 자의 부와 권력을 상징하거든.

11호분은 유난히 고고학자들과 학계를 흥분의 도가니로 몰아넣었어. 7개의 가지가 달린 방울인 칠두령과 금동관 외에 철갑, 투구, 목가리개, 어깨가리개, 정강이가리개, 팔가리개 등 철제 갑옷 세트가 통째로 나왔거든. 게다가 그것들은 모두 실제 전쟁에서 사용했던 것들이었어. 1969년 첫 발굴 이후 복천동 고분군에서는 고분의 흔적이 190기나 발견되었어. 각종 철기와 토기, 유리 장신구 등 출토 유물은 1만여 점에 이르렀지. 어느 것 하나 중요하지 않은 유물은 없겠지만, 그 가운데 가장 눈에 띄는 유물은 철제 갑옷 세트와 마구류야. 지금까지 우리나라에서 출토된 종장판갑(긴 철판을 구부려 가죽끈이나 못으로 연결하여 만든 갑옷)은 33점인데, 복천동에서만 22점이 확인되었거든.

11호분에 딸린 10호분에서도 종장판갑과 말머리에 씌우는 투구인 마면주가 나왔어. 마면주는 얼굴덮개부와 챙, 볼가리개로 이루어졌는데, 철이 귀한 시절에 말한테까지 철갑 투구를 씌운 것을 보면 가야가 철강 왕국임을 다시 한 번 확인할 수 있어.

 가야의 유물, 임나일본부설을 잠재우다

　복천동 고분군 발굴은 명확히 잡히지 않던 가야의 역사를 분명히 하는 데 결정적인 실마리가 되었어. 그리고 더 나아가 신라·고구려·백제·왜(일본)와의 관계를 풀 수 있는 결정적인 자료가 되기도 했지. 이러한 중요성 때문에 복천동 고분군은 발굴 일주일 만에 국가 문화재인 사적(273호)으로 지정되었어.
　복천동에서 나온 종장판갑이 중요한 유물로 떠오른 또 하나의 이유는 4세기쯤의 가야 사람들이 제작한 순수 국내산

이었다는 점 때문이었어. 이 종장판갑의 발견으로 일본인들이 그토록 끈질기게 주장해 온 임나일본부설의 불씨가 완전히 꺼지게 되었단다. 임나일본부설은 일본이 4세기 후반에 한반도 남부 지역에 진출해 백제·신라·가야를 지배했다는 일부 일본 학자들의 주장을 말해. 일본이 한반도 임나 지역에 '일본부'라는 기관을 두어 6세기 중엽까지 지배했다는 거지. 여기서 '임나'는 가야가 있던 지역을 뜻해.

임나일본부설을 내세우는 이들은 일본이 고대에 이미 외국에 식민지를 건설할 정도로 발전했고, 갑옷 가운데 특히 철판을 재단해서 만든 판갑은 일본에서만 제작할 수 있었다고 주장해 왔어. 그래서 그들은 한반도에서 출토되는 판갑을 임나일본부설의 증거로 내밀곤 했어. 한반도에는 일본에서 수입된 판갑만 있다고 주장했던 거지. 하지만 복천동 고분군에서 임나일본부설보다 앞선 시기의 종장판갑과 함께 그 재료로 쓰이는 덩이쇠가 나오면서 임나일본부설은 설 자리를 완전히 잃게 되었어. 도리어 한반도에서 제작된 판갑이 일본으로 수출된 것임이 입증되었으니까.

무덤 속 철제 갑옷은 그렇게 우리의 고대사를 왜곡하는 임나일본부설을 잠재웠어. 이 때문에 복천동 고분군이 발굴 역사에서 중요한 발굴로 손꼽히는 거란다. 단단한 철로 만든 갑옷은 천 년 전이나 지금이나 강력한 가야의 힘이 되어 주는 것 같지?

철기에 숨겨진 철강 왕국의
비결을 알아내다

가야는 철을 얻기 쉬운 지역에 있었던 덕에 철강 왕국이 될 수 있었어. 그래도 철기를 만드는 건 석기나 청동기를 만드는 것보다 훨씬 어려운 일이었지. 철을 녹여서 거푸집에 부으면 되지 않겠냐고? 철이 들어 있는 철광석에서 철을 녹여 내려면 1535도 이상의 높은 열이 필요해. 금의 녹는점이 1064도, 구리의 녹는점이 1083도니까 상당히 높은 온도인 거야. 더 높은 열을 내는 숯을 땔감으로 쓴다고 해도 단번에 녹이기는 어려워. 오늘날 제철소에는 24시간 꺼지지 않는 용광로가 있지만 말이야. 그럼 당시에 살았던 가야 사람들은 어떻게 그 많은 철기를 만들어 낸 걸까?

대장장이

순수한 철은 너무 무르기 때문에 숯가루를 뿌려서 탄소의 비율을 높이거나, 아예 단단한 철과 무른 철을 한데 뭉치기도 했어. 철을 단단하게 만드는 기술은 특별한 비결이 필요한 일이었지. 철을 다룰 줄 아는 대장장이들은 오늘날 우리가 생각하는 것보다 훨씬 귀한 대접을 받았을 거야.

달군 철

옛 시대를 배경으로 한 드라마나 영화에서 대장간을 본 기억이 있니? 뜨겁게 달군 철을 땅땅 두드리잖아. 최대한 높은 온도로 철을 말랑말랑하게 만든 뒤 두드려서 철 속에 섞인 돌을 깨뜨리거나, 가공하기 쉽도록 넓히는 거야.

두드리기

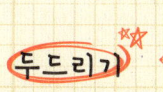

갑옷 하나를 만들기 위해서 아주 오랫동안 철을 두드려야 했을 거야. 또 얇게 넓힌 것 한 장만으로는 약하니까 철을 여러 겹 겹쳐서 두드렸지. 어떻게 아느냐고? 분석을 통해서 철제 갑옷이나 무기가 밖에서부터 한 겹씩 부식되는 것을 확인했거든. 드물긴 하지만 거푸집으로 만든 갑옷이나 불상도 있는데 이 경우 부식되는 모습이 다르지.

신안 보물선

바닷속 타임캡슐을 발굴하다

신안 앞바다에서 이루어진 최초의 수중 발굴을 시작으로
우리나라에서도 물속의 유물을 발굴해서 연구하는 '수중 고고학'이 시작되었어.
그런데 놀랍게도 우연히 어부의 그물에 걸린 수상한 청자 하나가
이 엄청난 공로를 세웠다고 하는구나! 이렇게 발굴과 관련된 사건들은
때때로 옛날이야기보다 재미있고 영화보다 더 극적이란다.

그물에 걸려든 수상한 청자

때는 1976년 1월. 전라남도 신안군 도덕도 앞에서 트롤어선(바다 밑바닥 가까이에서 그물로 물고기를 잡는 배)으로 고기를 잡던 어부의 그물에 심상찮은 물건이 걸려들었어. 갯벌 진흙과 굴 껍데기가 다닥다닥 붙은 항아리였는데, 어부가 집에 가져와 씻어 보니 꼭 청자 같아 보이더래. 어부의 동생은 혹시 고려청자가 아닐까 싶어 신안군청 문화재과에 가져갔는데, 담당 직원은 바다에서 고려청자가 웬 말이냐며 외면했어.

그렇게 외면당한 항아리에 관심을 보인 건 소문을 듣고 찾아온 서울의 골동품 상인이었어. 골동품 상인은 그 항아리가 원나라 룽취안(용천) 가마에서 만들어진 진품 청자라고 말했어. 룽취안 가마는 중국 최대의 청자 제작지야.

그런데 몇 달 후, 또 다른 어부가 같은 장소에서 청자와 백자를 건져 신안군청에 신고를 했어. 이쯤 되자 신안 앞바다에 보물선이 가라앉은 게 아니냐는 소문이 걷잡을 수 없이 퍼져 나갔어. 전국의 골동품 상인과 도굴꾼들이 신안에 몰려들기 시작했지. 재빠른 도굴꾼들은 쥐도 새도 모르게 바다에서 값비싼 도자기들을 건져 올렸어. 뒤늦게 경찰이 나서서 도굴꾼들을 붙잡기에 이르렀는데, 도굴꾼들의 창고를 열어 보니 값을 매길 수 없는 국보급 보물들이 쏟아져 나왔다고 해.

이 사건으로 문화재관리국은 '신안 해저 유물 발굴 조사단'을 구성했어. 어부의 그물에 우연히 걸린 항아리 한 점이 우리나라 최초의 수중 발굴을 불러온 거야. 그나저나 땅속 발굴이야 땅을 파서 하면 되겠지만, 물속 발굴은 바닷물을 모조리 퍼낼 수도 없을 테고. 어떻게 이루어지는 걸까?

 보물을 품은 신안 앞바다

신안 앞바다 발굴은 우리나라에서 처음 시도하는 수중 발굴이니만큼 어려움이 많았어. 일단 바다 어디쯤에 유물이 있는지 도저히 감을 잡을 수가 없는 데다, 바닷속을 조사하는 일은 육지에 비하면 제약도 많고 위험도 뒤따랐으니까.

그렇다고 무작정 시간과 노력을 낭비할 수 없었던 발굴단은 결국 도굴범의 도움을 받을 수밖에 없었어. 도굴범이 유물을 건져 올렸던 위치를 토대로 발굴을 진행하게 된 거야. 물론 유물이 있는 위치를 알아냈다고 해서 모든 문제가 해결된 건 아니었어. 신안 바다의 수심은 23미터나 되는데다, 물살도 무척 빠른 편이야. 게다가 바닷속은 한 치 앞도 분간하기 어려울 정도로 어둡고 뿌옇거든. 어쩔 수 없이 발굴단은 장님 코끼리 만지듯 드넓은 바다 밑바닥을 더듬거리면서 유물을 찾아야 했어. 그러다 보니 작업은 더디게 진행될 수밖에 없었고, 그런 더딘 작업도 바닷물의 온도가 많이 내려간 시기를 빼면 1년에 고작 다섯 달 정도밖에 할 수 없었어. 거기에 밀물과 썰물 시간을 헤아려 조사원이 바닷속에 들어갈 수 있는 건 하루에 한두 번, 한 번에 한두 시간 정도에 불과했지.

이렇게 우리나라 최초의 수중 발굴은 마치 사막에서 바늘을 찾는 것만큼이나 막막하고 어려운 작업이었어. 그나마 해군 부대의 해난구조대 잠수 대원들이 참여하면서 조금씩 빛이 보이기 시작했지. 그들은 한국 최고의 잠수 대원답게 모든 어려움을 무릅쓰고 유물들을 건져 올리는 데 힘을 다했어.

해군 잠수 대원들 덕분에 발굴 작업에 속도가 붙자 마술 같은 일들이 벌어지기 시작했어. 신안 앞바다 어딘가에 보물을 토해 내는 요술 항아리가 있는 게 아니냐는 우스갯소리가 나올 정도로 많은 양의 유물이 쏟아져 나왔거든. 해군 잠수 대원들의 손에 희귀한 유물들이 들려 나올 때마다 탄성이 터져 나왔지. 국보급 고려청자를 비롯해 중국 송나라와 원나라의 청자, 백자, 흑유(검은 빛깔 자기)들로 가득 찬 나무 상자가 고스란히 물 밖으로 나왔어. 또 청동으로 만든 촛대, 향로, 주전자, 거울, 은접시와 은병, 벼루, 맷돌, 한약재, 그리고 셀 수 없을 정도로 많은 양의 동전도 건져져 올라왔고, 고급 가구를 만드는 '자단목'이란 나무도 8톤이나 발견되었단다. 이것은 그야말로 빙산의 일각. 이 외에도 종

류와 수를 헤아리기 힘들 정도로 많은 유물들이 나왔어. 이 때문에 신안 수중 발굴에 온 세계의 관심이 집중되었지.

보물선 구출 작전

　신안 앞바다에서 그렇게 많은 유물을 건져 올릴 수 있었던 것은 배가 안정적으로 침몰해 있었기 때문이야. 바닷속 깊숙한 곳에 커다란 나무 돛배가 고스란히 묻혀 있었지. 배는 오른쪽으로 기울어진 채 바다 밑에 가라앉아 있었어. 덕분에 물살에 쓸리지 않은 배의 오른쪽 아랫부분은 고스란히 남아 있었고, 왼쪽 부분은 갑판 아래쪽 3분의 1이 바다 밑바닥에 묻혀 있었어. 나무로 만든 배가 그 오랜 시간을 물속에서 견디고 온전하게 형체를 보존하고 있다는 것 자체가 기적 같은 일이야. 신안 앞바다에서 발견돼 신안선이라는 이름이 붙은 이 배는 '보물선'이라고 더 많이 불렸단다.

　발굴단에게는 이제 이 보물선을 어떻게 무사히 끌어올리느냐가 중요한 과제였어. 발굴단은 고심 끝에 바닷속에서 배를 일일이 뜯어 해체해서 끌어올리기로 결정했어. 배를 통째로 끌어올릴 수 있다면 가장 좋겠지만, 그렇게 하다가 자칫 큰 훼손을 입을 수 있으니까 해체해서 건진 뒤 복원하기로 한 거야.

　이 작업을 위해 발굴단은 먼저 바닷가에 보존처리장을 세웠어. 보존처리장은 응급실과 같은 곳으로 바닷속에서 건져 낸 배의 조각들을 신속하게 보존 처리하

는 공간이었지. 보존 처리란 유물을 원래 상태로 잘 보존하기 위해 특수하게 처리하는 일이야. 특히 물속에 있던 철재나 목재 유물은 보존 처리가 반드시 필요해. 물에 젖은 철재 유물은 산소를 만나면 부식이 일어나기 때문에 알칼리 수용액에 넣어 산소와의 접촉을 차단해야 해. 또 보물선과 같은 나무로 된 목재 유물은 물에 적신 솜이나 부직포로 덮어 수분이 증발하지 않도록 옮긴 후 소금기를 빼고 예비 실험을 통해 오랫동안 보존할 수 있는 약품을 찾아 처리를 해야 돼.

이러한 준비를 갖춘 특별한 보존처리장이 다 지어지기 전까지는 배를 바닷속에 그대로 두어야 했지. 배를 발굴하는 것은 단순히 바닷속 유물을 육지로 꺼내는 작업이 아니었어. 발굴단은 마치 생사의 기로에 선 환자를 무사히 병원으로 옮겨야 하는 막중한 임무를 맡은 구조대와 다름없었어. 그러니 그 과정이 얼마나 긴장되었겠니.

잠수 대원들은 배를 본래 설계한 사람에 버금갈 정도로 배의 구조를 구석구석 익히기 위해 매일같이 조사를 했어. 배의 이음새 하나하나, 못질 하나하나

에도 세심한 주의를 기울이며 잠시도 긴장을 늦추지 않았지. 그 사이 발굴단 또한 물속에서 촬영한 사진과 동영상, 그림으로 기록한 자료를 보며 배의 구조를 낱낱이 파악했어. 발굴단 전체가 이렇게 배의 구조를 완전히 익힌 후에야 비로소 배를 해체하는 작업을 진행할 수 있었어. 바닷속에서 해체된 배는 신속하게 바닷가의 보존처리장으로 옮겨졌단다. 마치 응급차에 실려 응급실로 옮겨지는 응급환자처럼 말이야.

보물선의 정체를 밝힌 결정적인 꼬리표

배를 건져 낸 후에도 유물들은 계속해서 잠수 대원의 손에 걸려들었어. 그럴수록 더해지는 궁금증이 있었으니, 그렇게 엄청난 보물을 실은 배는 대체 누가, 언제, 어디로, 왜 몰아갔을까 하는 거였어. 잠수 대원이 물속에서 유물을 건져 올리면 육지의 발굴 대원들은 이 보물선의 정체를 밝혀 줄 단서를 찾기 위해 밤낮없이 유물을 들여다보고 또 들여다보았어.

그러던 어느 날, 보존처리장에서 목간 유물을 세척하던 한 연구원이 결정적인 단서를 찾아냈어. 발굴된 목간은 상자에 매다는 꼬리표로, 물건을 받는 사람의 이름과 보내는 사람의 이름이 새겨진 나뭇조각이었어. 연구원은 목간을 세척하면서 글자 하나도 놓치지 않기 위해 세심한 주의를 기울였어. 그러다 목간에 새겨진 글자가 예사롭지 않다는 걸 느낀 거야.

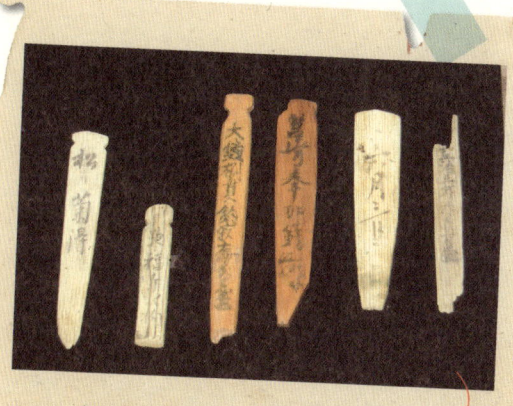

陳皮三七斤 綱司私
진 피 삼 칠 근 강 사 사
至治三年六月一日……
지 치 삼 년 유 월 일 일
東福寺
동 복 사

진피 37근과 선장의 사사로운 물건을 지치 3년 6월 1일에…… (배에 실어) 동복사에 (보낸다)

신안선에서 발견된 글씨가 새겨진 목간. 700년 가까이 바닷속에 있었지만 글씨가 또렷하다.

    목간에 새겨진 기록은 보물선 정체에 대한 해답을 주었어. 신안선은 1323년 6월 1일, 중국의 무역항 경원(현재의 영파)을 출발한 무역선이었던 거야. 수만 점의 무역품을 싣고 출항한 신안선의 최종 목적지는 일본 교토에 있는 사찰 동복사로 밝혀졌어. 신안 앞바다에 가라앉은 보물선은 일본을 향해 가던 도중에 풍랑을 만나 고려 앞바다에서 침몰한 중국의 무역선이었지.

    출토된 유물 가운데 고려청자가 섞여 있고 침몰한 장소가 고려의 서해인 것으로 볼 때, 이 배는 고려에 들러 고려청자와 보급품을 싣고 일본으로 향했을 가능성도 커. 물론 중국의 무역항에서 처음부터 고려청자를 구해 일본으로 가는 길이었을 수도 있지. 현재까지는 어느 한쪽의 가능성을 확실하게 뒷받침할 만한 유물이나 해석이 없기 때문에 이 두 개의 가능성을 모두 염두에 두고 있단다.

바닷속 타임캡슐에 담긴 2만여 점의 유물

우리나라 최초의 수중 발굴인 신안 해저 발굴은 1976년부터 1984년까지 무려 9년 동안 이루어졌단다. 오랜 시간에 걸친 발굴이었던 만큼 발굴 성과와 의미도 무척 컸어. 200톤급의 중국 무역선이었던 신안선은 말 그대로 보물선, 아니 중세의 동아시아를 담아내는 타임캡슐이었어. 이 타임캡슐은 중세 동아시아의 무역 활동과 사회, 경제, 공예 미술, 배의 역사 등을 고스란히 보여 주었어. 그 옛날 중국 무역선을 비롯해 도자기, 공예품, 동전, 목재(자단목), 씨앗, 악기, 벼루, 장기나 주사위 등의 놀이 도구, 생활용품 등 2만여 점이 넘는 다양한 유물이 발굴되었지. 여기에는 청자와 청동 거울 등 고려 제품과 나막신, 칼코(칼끝) 등 일본 제품도 포함되어 있었어. 신안선의 주인은 이 많은 유물들을 배 안의 화물 창고 일곱 곳에 차곡차곡 실었던 것으로 보여. 1000개가 넘는 자단목을 먼저 싣고, 그 위에 중국 동전 28톤을 쌓고, 도자기와 칠기, 금속 제품 등은 나무 상자에 넣어 하나하나 포장한 후 실었지. 이때 나온 중국 동전은 당시 중국에서 더 이상 쓰지 않는 동전으로, 아마도 동전을 녹여 다른 용도로 사용하기 위해 운반 중이었던 것으로 보여.

학자들은 우리 바다에 신안선과 같은 보물선이 많이 잠들어 있을 것으로 추측하고 있어. 우리나라는 삼면이 바다로 둘러싸인 지리적인 요건 때문에 예로부터 중국, 일본을 포함하는 동북아시아의 중요한 무역로 역할을 했으니 말이야. 그러다 보니 신안선처럼 무역품을 운반하는 과정에서 무역선이 침몰하는

신안선에서 나온 유물들.
여러 유물들이 많았지만 다양한 크기와 용도의 고려청자가 특히 눈에 띈다.

사건들이 종종 일어났지.

게다가 우리나라의 바다는 신안선 발굴로 드러난 것처럼 유물이 오랫동안 보존될 수 있는 환경을 갖추고 있어. 바닷속 물이 탁해서 시야를 가리기 때문에 비록 발굴할 때는 어려움이 있지만, 도굴범이 쉽게 불법 발굴을 할 수 없게 만들어 주거든. 앞으로도 더 활발한 수중 발굴을 통해 바다 깊숙이 숨겨진 더 많은 타임캡슐이 열리기를 기대하고 있어.

바닷속에서의 발굴, 어떻게 이루어질까?

수중 발굴은 고고학자가 유물이 출토되는 발굴 현장을 직접 볼 수 없다는 어려움이 있어. 물속, 그것도 바다 밑바닥까지 내려가야 유물층을 확인할 수 있으니, 고고학자라고 해도 그 현장을 직접 볼 수 없는 것이지. 발굴 과정이나 방법은 땅에서 이루어지는 발굴과 크게 다르지 않지만 수중 발굴은 육지에서의 발굴보다 더 복잡하고 많은 준비가 필요한 작업이야. 해양학, 측량학, 보존 과학, 기술 등 여러 분야가 총출동해 힘을 합해야만 하지.

발굴을 총지휘하는 수장을 중심으로 전문 지식과 경험이 풍부한 사람들로 발굴단을 꾸리는 거야. 기술 분야의 전문가들은 실제 바닷속에 들어가서 발굴 작업을 하는 사람들로, 잠수 대원들의 잠수 시간을 감독하고 잠수 장비나 보트, 기계 등을 전반적으로 관리하지. 또 해양학 분야의 전문가들은 탐사선과 탐사 장비를 책임지고 관리하고 탐사 결과를 분석하고 정리해. 이렇게 여러 분야의 전문가들이 모여서 발굴단이 꾸려져야 비로소 발굴 작업을 시작할 수 있어.

땅 위에서의 발굴과 마찬가지로 가장 먼저 바다에 얇은 로프나 철제 파이프로 구역을 나누는 그리드를 설치해. 바둑판처럼 그리드를 설치하면 어떤 지점을 어떤 순서로 발굴할지 결정하고 지시하기에 편하지.

유물은 상자에 담아 배 위로 옮겨. 물이 잘 빠지는 상자에 유물을 담으면 배에 연결된 크레인 같은 기계를 이용해 상자를 끌어올리기도 하고, 상황에 따라 잠수 대원이 직접 상자를 들어 옮기기도 해.

땅속의 유물을 꺼내려고 땅을 파듯이 물속 유물도 물밑에 단단히 쌓여 있는 퇴적층부터 제거해야 해. 퇴적층은 생각보다 단단해서 공기나 물을 내뿜는 기계를 이용하기도 하고, 상하기 쉬운 유물이 묻혀 있거나 정밀한 발굴을 할 경우에는 잠수 대원이 일일이 부채질을 해서 유물을 찾아. 물론 땅에서 발굴할 때 사용하는 호미나 꽃삽, 대나무칼 등의 도구들도 그대로 사용하지.

물속에서도 철저한 기록, 실측 작업, 사진 촬영은 필수야. 유물에 번호를 붙이는 것도 잊어서는 안 되고. 유물 번호는 유물이 있던 위치를 기억하는 장치나 다름없거든.

이응태 무덤 한글 편지

원이 엄마의
한글 편지, 세계를 울리다

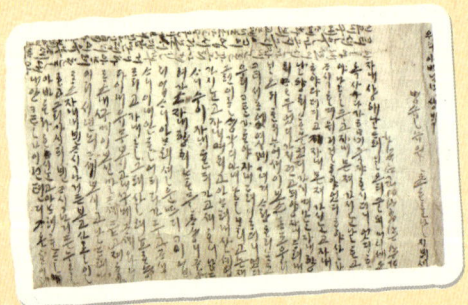

경상북도 안동에서 한 무덤이 발굴되었어.
조선 시대의 평범한 백성으로 살다 간 것처럼 보이는 남성의 무덤이었지.
그런데 발굴단의 눈길을 사로잡는 유물이 하나 나왔어.
바로 한글로 쓴 편지였지. 무덤 주인의 부인이 써서 관에 넣은 것 같았어.
관 속에까지 넣어야 했던 편지에는 과연 어떤 사연이 담겨 있을까?

빗속에서 세상에 드러난 무덤

　무덤 발굴 작업이 한창인 안동 정상동의 택지개발지구(주택을 짓도록 지정된 땅). 이곳이 택지개발지구로 지정되면서 무덤들을 다른 곳으로 옮기는 작업이 이루어진 거야. 그러자 고성 이씨 문중은 잃어버린 조상의 무덤을 찾겠다고 나섰어. 혹시 고성 이씨 조상의 무덤이 발견되면 알려 달라는 것이었지.
　어느 날, 정말 한 무덤에서 '철성 이씨'라 적힌 명정(죽은 사람의 관직이나 성씨 등을 적은 천)이 덮인 관이 나왔어. 발굴단은 곧바로 고성 이씨 문중에 이 사실을 알렸지. 고성 이씨는 본래 철성 이씨로 썼거든. 그렇게 해서 이 무덤은 무덤 주인의 후손들이 이 지켜보는 가운데 발굴에 들어갔어.
　무덤 안에서는 아직도 새것 같아 보이는 소나무 관(외관)이 모습을 나타냈어. 이 관의 뚜껑을 여니 시신을 담고 있는 관(내관)이 또 하나 나오는 거야. 내관은 본래의 상태대로 잘 보존되어 있었어. 발굴단은 내관을 꺼내 조사 작업을 시작했어.
　무덤을 열었을 때 이미 날이 저물고 있었기 때문에, 발굴단은 작업장 주변에 등을 설치해 불을 켜고, 자동차 전조등을 동원해 작업장의 어둠을 밝혔지. 또 사다리를 세워 촬영대를 만들고, 필요한 장비들을 신속하게 설치하고 나서야 본격적으로 관을 열고 시신 조사에 들어갔어. 조사 작업은 한 단계 한 단계씩 조용하고 엄숙하게, 차분하면서도 빠르게 진행되었단다.
　시신은 수백 년의 세월을 입증하듯 많이 부패되어 있었지만 얼굴 모습은 그런 대로 알아볼 만했어. 턱에 짧은 수염이 남아 있을 정도였거든. 그런데 갑자기 발생한 돌발상황! 후덥지근했던 공기가 선선해지더니 빗방울이 가늘게 떨어지기 시작한 거야. 일단은 시신이 훼손되지 않지 않도록 작업을 서둘러 정리해야 했기 때문에 발굴단은 장의사를 불러 시신을 원상태에 가깝게 새 관에 모셨어. 시신과 함께 묻혀 있던 50여 점에 달하는 유물들은 조심스럽게 상자에 담았지. 시신과 유물을 수습하고 나자 이미 새벽 1시가 지나 있었어. 발굴 단원들은 작업에 몰두하느라 시간도 잊은 것 같았지. 그렇게 유물들을 차에 싣고 박물관으로 향하는데 가늘게 떨어지던 빗줄기가 갑자기 세차게 쏟아졌어. 마치 무덤 발굴이 끝나기를 기다렸던 것처럼 말이야. 빗속에서 세상에 나온 무덤의 주인은 대체 어떤 사람이었을까?

 412년 만에 공개된 원이 엄마의 한글 편지

시신의 키는 176센티미터. 뼈와 뼈 사이에 지방이나 근육이 있었을 것을 생각하면 살아 있었을 때는 아마도 180센티미터가 훌쩍 넘었을 거야. 이름은 이응태, 나이는 서른한 살로 건장한 체격에 턱수염이 단정하게 난 잘생긴 젊은이였어. 그에게는 예쁜 아내와 귀여운 아들이 있었고 아내의 뱃속에는 또 한 명의 아기가 세상에 나올 날을 기다리고 있었어. 어느 날, 건강하던 이응태는 갑자기 병이 들어 병석에 누웠고, 아내는 남편의 병을 낫게 해달라고 천지

신명께 기도했어. 절절한 마음을 담아 자기의 머리카락을 잘라 남편의 신을 삼기도 했는데 이응태는 끝내 그 신을 신지 못하고 세상을 뜨고 말았지.

　에~이, 상상력이 너무 넘치는 것 아니냐고? 천만에! 지어낸 이야기가 아니라 무덤 주인의 신상 정보를 말해 주는 유물 덕분에 알게 된 사실에 바탕을 둔 이야기거든. 먼저 이름은 그의 아버지가 남긴 편지로 알았어. 작은 참빗과 함께 주머니에 담겨 있던 편지의 겉봉투에는 '아버지 편지에 대한 응태의 답장'이라는 뜻의 글이 쓰여 있었거든. 이로써 이 무덤의 주인이 '이응태'임이 확실해진 것이지.

　무덤에서 나온 여러 유물들 중 가장 눈길을 끈 것은 바로 이응태의 부인이 관에 넣어 둔 한글 편지였어. 가로 58센티미터, 세로 34센티미터 크기의 한지에는 남편에 대한 사랑과 남편을 잃은 슬픔, 그리고 자식들과 앞으로의 삶에 대한 착잡한 심경이 구구절절하게 담겨 있었어. '원이 엄마 편지'로도 불리는 이 편지는 '원이 아버님께 올림. 병술년 유월 초하룻날, 집에서'라고 시작해.

　　당신 언제나 나에게 '둘이 머리 희어지도록 살다가 함께 죽자'고 하셨지요. 그런데 어찌 나를 두고 당신 먼저 가십니까? 나와 어린 아이는 누구의 말을 듣고 어떻게 살라고 다 버리고 당신 먼저 가십니까? 당신 나에게 마음을 어떻게 가져왔고 또 나는 당신에게 어떻게 마음을 가져왔었나요? 함께 누우면 언제나 나는 당신에게 말하곤 했지요. '여보, 다른 사람들도 우리처럼 서로 어여삐 여기고 사랑할까요? 남들도 정말 우리 같을까요?' 어찌 그런 일들 생각하지도 않고 나를 버리고 먼저 가시는가요? 당신을 여의고는 아무리 해도 나는 살 수 없어요. 빨리 당신께 가고 싶어요. 나를 데려가 주세요. 당신을 향한 마음을 이승에서 잊을 수가 없고, 서러운 뜻 한이 없습니다. 내 마음 어디에 두고 자식 데리고 당신을 그리워하며 살 수 있을까 생각합니다. 이내 편지 보시고 내 꿈에 와서 자세히 말해 주세요. 꿈속에서 당신 말을 자세히 듣고 싶어서 이렇게 써서 넣어 드립니다. 자세히 보시고 나에게 말해 주세요. 당신 내 뱃속의 자식 낳으면 보고 말할 것 있다 하고 그렇게 가시니 뱃속의 자식 낳으면 누구를 아버지라 하라는 거지요? 아무리 한들 내 마음 같겠습니까? 이런 슬픈 일이 하늘 아래 또 있겠습니까?

여기까지 쓰고 나니 종이가 모자랐나 봐. 아내는 편지 시작 부분의 여백에다 이미 쓴 글과는 서로 직각으로 엇갈리게 줄을 잡아 글을 이어갔어.

원이 엄마의 한글 편지, 세계를 울리다

당신은 한갓 그곳에 가 계실 뿐이지만 아무리 한들 내 마음같이 서럽겠습니까? 한도 없고 끝도 없어 다 못 쓰고 대강만 적습니다. 이 편지 자세히 보시고 내 꿈에 와서 당신 모습 자세히 보여 주시고 또 말해 주세요. 나는 꿈에는 당신을 볼 수 있다고 믿고 있습니다. 몰래 와서 보여 주세요. 하고 싶은 말 끝이 없어 이만 적습니다.

그마저도 글을 다 쓰기에는 모자랐는지 마지막 구절은 다시 종이를 돌려, 글이 시작한 첫머리로 돌아와서 첫째 줄과 날짜를 적은 줄 사이에 거꾸로 써 내리고 끝을 맺었어. 종이가 귀하던 당시에는 여백에 편지글을 쓰는 게 일반적이기는 했지만 한 마디라도 더 전하고픈, 또 하고픈 말을 다 하지 못해 아쉬운 마음이 고스란히 전달되지 않니?

이응태가 세상을 뜬 것이 1586년 5월이고, 무덤이 발굴되고 유물과 함께 그의 얼굴이 다시 세상에 나온 것이 1998년 5월이야. 부부의 지극한 사랑이 꼭 412년 만에 이렇게 편지로 세상에 알려지게 된 거야.

머리카락으로 삼은 미투리, 전 세계를 감동시키다

이 무덤에서 눈길을 끈 또 하나의 유물, 편지의 애절한 사연에 더 큰 감동을 더한 유물이 있었으니, 바로 '미투리'야. 미투리는 삼이나 모시, 실, 헝겊, 종이 따위를 가늘게 꼬아 만든 신발을 말해. 발굴단은 무덤에서 출토된 유물을 조사하다가 뭔가를 감싸고 있는 종이 뭉치를 발견했어. 머리카락 다발 같은 것을 싸고 있는 종이를 벗겨 내니, 삼 줄기와 머리카락을 섞어 삼은 신발이 나왔지.

신발을 쌌던 종이에는 뭔가 적혀 있었어. 세월에 바래 대부분 읽을 수 없었지만, 그 가운데 '이 신 신어 보지도'라는 글자가 희미하게나마 확인되었어. 그것 또한 '이 신을 신어 보지도 못하고 돌아가셨다.'는 내용으로 아내가 남편에게 쓴 글이었어.

〈내셔널지오그래픽〉과 〈앤티쿼티〉 등 여러 고고학 잡지에 소개된 원이 엄마의 한글 편지와 미투리 이야기. 편지 못지않게 머리카락으로 삼은 미투리도 화제에 올라, '사랑의 미투리'라는 이야기로 소개되었다.

아내는 병든 남편이 하루 빨리 회복되도록 자신의 머리카락을 잘라 정성스레 신을 삼아 놓고 천지신명에게 기도를 했겠지. 옛 속담에 '머리카락 삼아 짚신 삼는다.'는 표현이 있다지? 정성과 진심을 다한다는 뜻인데, 그 말처럼 이응태의 아내는 진심을 다한 것으로 보여.

이응태의 아내는 남편이 아끼던 물건과 평소 입던 옷가지를 정성스레 챙겨 저승으로 갈 남편에게 입히고, 남편이 좋아하던 자신의 옷과 애지중지하던 아기의 저고리도 남편의 가슴 위에 얹어 주었어. 남편이 저승에 가더라도 사랑하는 아내와 귀여운 아기를 가슴에 안고 함께 길을 떠나니 외롭지 않을 거라고 스스로 위안했을 거야.

이응태에게는 아내와 자식 말고도 부모와 형, 누이들도 있었어. 형과도 우애가 남다르게 깊었던 것 같아. 형은 하나뿐인 동생을 잃은 슬픔을 누를 길이 없었는지, 평소 아끼던 부채에 마음을 적어 동생의 가슴에 놓아 주었어.

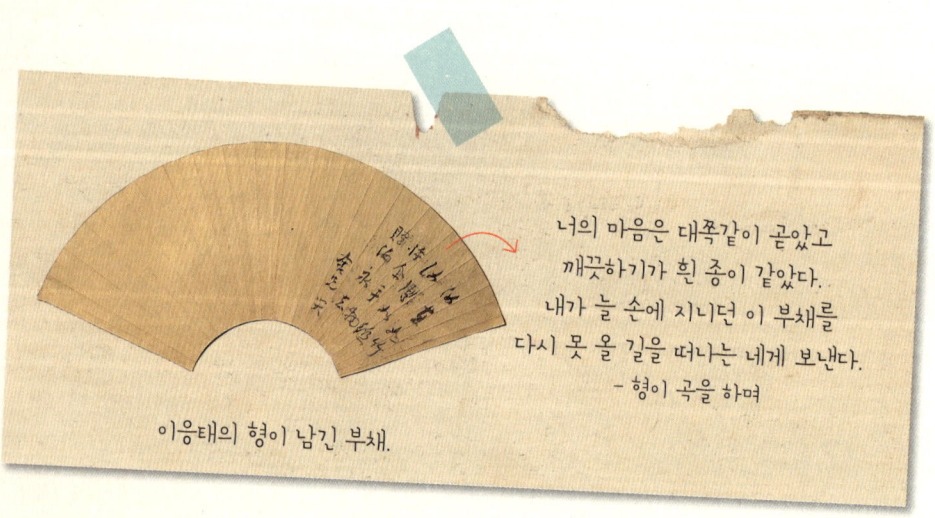

너의 마음은 대쪽같이 곧았고 깨끗하기가 흰 종이 같았다. 내가 늘 손에 지니던 이 부채를 다시 못 올 길을 떠나는 네게 보낸다.
— 형이 곡을 하며

이응태의 형이 남긴 부채.

이응태의 형 이름은 이몽태. 그런데 부채만으로는 마음이 달래지지 않았던 것 같아. 동생에게 시 한 편을 더 담아 보냈거든.

너와 함께 어버이를 모신 지가
이제 서른한 해가 되었구나
이렇게 갑자기 네가 세상을 떠나다니
어찌 이리 급하게 간단 말인가
땅을 치니 그저 망망하기만 하고
하늘에 호소해도 대답이 없다
외롭게 나만 홀로 남겨 두고
너는 저 세상으로 가서 누구와 벗할는지
네가 남기고 간 어린 자식은
내가 살아 있으니 보살필 수 있겠지
내 바라는 것은 어서 하늘로 오르는 것
전생 현생 후생의 삼생은 어찌 빠르지 않겠는가
또한 내 바라는 것은 부모님이 만수하시도록
도움을 주는 것이라네
- 형이 정신없이 곡하며 쓴다

이 밖에도 이응태가 아버지와 주고받은 편지도 여러 통 발견되었어. 편지의 내용을 보니 이응태는 전염병을 앓다 세상을 떠났고, 처가살이를 하고 있었던 것으로 보여. 임진왜란이 일어나기 전에는 처가살이가 흔한 일이었거든. 이것으로 당시에는 남녀 차별이 그다지 크지 않았다는 것도 알 수 있어. 재산을 상속할 때도 아들과 딸의 차별이 없었다는구나.

이 시기에 남녀 차별이 오히려 크지 않았다는 것은 원이 엄마의 편지에도 잘 드러나. 원이 엄마가 남편을 부르는 호칭이 다름 아닌 '자네'거든. 오늘날에는 아랫사람에게 쓰는 호칭이지만, 임진왜란 전까지는 상대를 높이거나 혹은 동등하게 부르는 호칭이었다고 해.

이응태 무덤과 그 속에서 나온 유물들은 우리나라는 물론이고, 전 세계에 숱한 화제를 낳았어. 세계적인 다큐멘터리 저널 〈내셔널지오그래픽〉 2007년 11월호에 소개됐고, 2009년 3월엔 '원이 엄마 한글 편지'와 함께 나온 유물들을 다룬 연구 논문이 국제 고고학 잡지 〈앤티쿼티〉의 표지 논문으로 실리기도 했지.

비록 화려한 유물을 쏟아 낸 왕릉 발굴이 아니었어도, 평범한 옛 사람의 무덤 발굴은 남편을 향한 사랑과 이별의 아픔을 한 편의 드라마처럼 이야기해 주었어. 이처럼 고고학은 발굴을 통해 눈에 보이는 유물을 찾아내 학문적인 연구도 하지만, 시공을 초월해 인류가 공통적으로 지니고 있는 감성을 찾아내 감동을 주기도 한단다.

껴묻거리, 시간을 초월하는 단서

무덤에 함께 들어 있는 껴묻거리, 즉 부장품은 많은 정보를 담고 있어. 청동 방울이나 금관처럼 상징적인 물건은 무덤 주인의 신분을 알려 주기도 하고, 옷이나 장신구 같은 물건은 해당 시대의 장례 풍속, 복식, 공예 기술 등을 알려 주기도 해. 특히 지석이나 물건에 새겨진 글씨, 편지 등은 무덤의 주인에 대한 결정적인 단서를 주지.

고인돌

청동기 시대에 만들어진 고인돌에서도 껴묻거리가 나와서 주인에 대한 단서를 주지. 청동 거울이나 청동 방울처럼 하늘에 제사를 올릴 때 쓰는 물건들이 나온다면 그건 지배자의 고인돌일 가능성이 커.

무령왕릉

무령왕릉에서는 무덤을 지키는 진묘수, 땅의 신에게 바치는 무덤자리 값, 왕족의 신분을 알려 주는 껴묻거리 등이 나왔어. 그 가운데 무령왕릉의 주인을 알려 준 결정적인 껴묻거리는 바로 묘지가 새겨진 지석이었어.

이응태 묘

주인을 알 수 없던 보통 사람의 무덤도 껴묻거리가 큰 단서가 되지. 이응태 무덤에서는 이름이 남겨진 편지들과 아내와 아이의 옷가지, 병이 낫기를 기원했던 미투리 등이 여러 정보를 주었지.

　학자 하워드 카터가 나일강 서쪽 기슭의 '왕들의 계곡'에서 무덤을 발견했어. 바로 고대 이집트의 파라오(왕)인 투탕카멘의 무덤이었지. 발굴이 시작되었고, 투탕카멘의 무덤에서는 미라로 처리된 투탕카멘의 시신과 황금 관, 황금 마스크 등 호화로운 유물이 나왔어.

　그런데 이 엄청난 발견 후 발굴에 관여했던 사람들이 이유 없이 사망하는 불행이 잇따랐지. 무덤에 발을 들여놓은 13명이 원인 불명의 병이나 자살 등으로 세상을 뜨자, 급기야 '투탕카멘의 저주' 혹은 '파라오의 저주'라는 말이 생겨난 거야. 이들의 죽음은 진짜 투탕카멘의 저주였을까? 후에 과학적으로 규명해 보니 죽음의 원인은 1200년 된 무덤 속 곰팡이였어. 무덤 속에서 생긴 오래된 곰팡이가 사람들의 폐 속으로 들어가 병을 일으켰던 것이지. '투탕카멘의 저주'는 없었어. 다만 준비되지 않은 발굴이 화를 불렀던 것이지. 유물도 사람도 오래된 유물의 발굴에는 철저한 준비가 필요하다는 말씀!

자, 회곽묘의 내관을 옮겨 온 고고학자들은 내관을 열고 시신의 염습의를 벗기기 시작했어. 염습의는 수의라고도 하는데, 시신의 형태가 흐트러지지 않게 하고 관 속에서 움직이지 않도록 고정하는 역할을 해. 보통 70벌 정도의 천이나 옷가지가 시신을 감싸게 되지. 조선 시대에는 시신을 고정하기 위해 관의 모양에 맞춰 옷과 솜이불 등으로 빈 공간을 채우기도 했어.

미라의 염습의를 제거하는 작업은 쉽지 않았어. 3시간이 넘게 걸렸지. 워낙 오랫동안 땅속에 묻혀 있던 터라 천이 시신에 붙어서 자칫하면 시신을 훼손시킬 수 있는 상황이었거든. 드디어 시신이 입고 있던 마지막 수의까지 모두 벗긴 순간, 진짜 미라가 모습을 드러냈어! 왼쪽 하체 부분이 부패되어 약간의 살점이 훼손되었지만, 미라의 보존 상태는 거의 최고였어. 거무스름하게 색은 변했지만 탄력이 느껴질 것 같은 피부, 눈, 코, 입, 치아와 머리카락 등 모든 것이 거의 생전 그대로의 모습이었지. 이집트 피라미드에서만 나오는 줄 알았던 미라가 우리나라에서도 나오다니! 그런데 이 미라의 정체는 무엇일까?

미라를 담고 있던 나무 관 덮개에는 '의인여흥이씨지구(宜人驪興李氏之柩)'라고 적혀 있었어. 이것으로 이 미라가 여흥 이씨 집안의 여인이라는 것을 알 수 있었어. '의인'이란 단어는 미라가 생전에 정6품 이상의 품계를 받은 남편을 둔 사대부집 여인이라는 신분도 덧붙여 알려 주었지. 관 속에는 백자와 머리빗, 뒤꽂이, 운아삽(상여에 그려진 문양) 등이 함께 남아 있었어. 손발톱을 깎아 넣은 주머니와 바늘집 등은 무늬까지 그대로 살아 있었지.

발굴단은 미라에서 샘플을 모으고, 수의 등의 유물을 수습해 연구실로 옮겼어. 학자들은 무덤의 구조와 미라가 입고 있던 옷 등으로 미루어 미라는 임진왜란이 일어나기 전, 조선 전기 시대의 여인이라고 추측했단다.

또 하나의 미라를 발견하다

조선 전기 사대부 집안의 여성 미라가 발견된 지 한 달이 지난 어느 날, 또 한 번의 미라 발굴로 학계가 떠들썩했어. 미라가 또? 게다가 지난번에 미라를 발굴했던 동일한 현장에서 미라가 나왔다니 정말 특이한 일이 아닐 수 없었지.

추가로 발굴된 미라는 지난번 미라와 깊은 관계가 있는 것으로 밝혀졌어. 조선 시대 한 사대부 남성의 전처와 후처의 관계로 밝혀졌거든. 이건 정말 세계적으로도 찾아보기 힘든 발굴이야.

발굴단은 어떻게 두 미라의 관계를 알아냈을까? 이번 미라는 지난번에 미라가 나왔던 무덤 바로 옆에 있던 무덤에서 발견되었어. 이번 무덤 역시 회곽묘로 회곽 안에 담긴 나무 관 덮개에는 '유인○○이씨지구(儒人○○李氏之柩)'라고 쓰인 명정이 있었어. 가문을 말해 주는 부분은 글자가 남아 있지 않아 확인할 수 없었지만, 정9품 품계를 받은 남편을 둔 사대부 여인을 가리키는 '유인'이라는 말로 신분을 알 수 있었지. 발굴단은 두 번째 발굴된 미라와 첫 번째 발굴된 미라가 같은 남편을 섬긴 전처와 후처 사이인 것으로 추정했단다. 전처가 죽고 나서 후처가 죽기까지의 세월 동안 남편의 품계가 올라간 것으로 본 거야.

두 번째 발견된 미라는 키 약 145센티미터, 발 크기 약 205밀리미터의 왜소한 체격이었지. 앞서 발굴된 미라처럼 피부는 검게 변했지만 윗니, 아랫니, 콧날, 지문, 손발톱까지 크게 부패한 부분 없이 모양을 간직하고 있었어. 그런데 특이하게도 배 부분에 물결치는 듯한 모양의 주름이 져 있었어. 대개 미라는 배 부분이 평평하게 가라앉은 모습인데 말이야. 게다가 복근이 두껍고 지방층이 있어서 미라가 임신 중에 사망했을 가능성이 보였지. 배가 물결치듯 가라앉았다는 것은 불룩하게 임신했던 배가 꺼지면서 그렇게 되었을 것이고, 복근이나 지방층의 상태 또한 임신 중의 특징을 보였거든. 만약 임신한 상태에서 사망했다면 젊은 나이에 세상을 떠났을 가능성이 높지. 실제 미라의 피부나 머리카락 등의 상태나 붉은색, 초록색 등 화려한 색깔의 비단 염습의를 입고 있었던 점 등을 미루어 보면, 미라는 10대 후반에서 20대 초반에 사망한 것으로 보여. 또 이 무덤에서

는 금으로 장식된 치마와 저고리 등 화려한 옷가지도 함께 발견되었어. 비단 염습의와 이런 화려한 옷가지들은 젊은 나이에 세상을 떠나는 여인을 위한 배려가 아니었을까?

두 명의 부인이 모두 미라로 발견되었다, 그렇다면 혹시 남편도 미라가 되지 않았겠냐고? 두 구의 미라가 발견된 근처에서 두 여성의 남편 것으로 밝혀진 무덤을 발굴해 보았어. 그런데 남편의 시신은 물론이고 시신을 넣은 관까지 모두 썩은 상태였지. 남편의 무덤은 회곽묘가 아니었던 거야. 그렇다면 왜 두 부인은 회곽에 넣어 묻고, 남편은 회곽에 넣지 않았을까? 아쉽게도 이 질문에 대한 답은 아직 얻지 못했다고 하는구나.

누군가의 조상인 미라, 어떻게 연구해야 할까?

미라는 고고학자는 물론이고 역사학, 생물학, 병리학 등 여러 분야에서 주목하는 연구 대상이야. 미라 한 구는 그 어떤 유물보다 많은 정보를 생생하게 담고 있거든. 당시의 자연적, 문화적인 환경은 물론 질병, 생활 양식과 문화에 이르는 총체적인 생활사를 알아낼 수 있어. 특히 미라가 옷이나 장신구 등 당시의 유물을 함께 지니고 있다면 학문적으로 얻을 수 있는 성과는 더욱 크지.

영화에서 오래된 미라를 발굴하는 장면을 한 번쯤은 보았을 거야. 아마 오랫동안 공기가 통하지 않던 관을 건드리는 순간, 생명을 위협하는 치명적인 가스나 유독 물질이 뿜어져 나와 무덤을 건드린 사람이 화를 입는다는 이야기도 들었을 거고. 이른바 '미라의 저주' 혹은 '무덤 발굴 저주'라는 말과 함께 말이야.

미라의 저주니 뭐니 하는 것은 오랫동안 땅속에 있던 관을 열었을 때 혹시나 해로운 물질이 나오지 않을까 하는 우려에서 시작된 이야기 같아. 실제로 미라를 조사할 때는 미라가 훼손되지 않도록 온도와 습도를 맞춘 공간에서 연구자들 모두 수술복과 모자, 마스크, 장갑 등을 착용하고 진행이 돼. 이것은 미라로부터 연구자가 오염되는 걸 막아줄 뿐만 아니라, 반대로 연구자로부터 미라가 오염되는 일도 없게 하려는 거야.

최근 들어 미라가 발견되었다는 소식이 자주 들리고 있어. 예전에는 우리나라에 미라가 있었다는 사실조차 몰랐는데 왜 이렇게 갑자기 미라 발견이 잦아진 걸까? 그건 무덤들이 있던 곳이 주택 단지나 산업 단지 등으로 개발되면서 시굴, 발굴 조사가 활발히 이루어진 결과야. 개발이 많아질수록 미라들이 발굴될 가능성은 높아지겠지.

학자들은 미라가 발굴될 때 최대한 많은 샘플을 수집하고, 연구를 활발히 진행해야 한다고 목소리를 높이고 있어. 하지만 미라 또한 어느 누군가의 조상이기 때문에 그 후손들이 동의하지 않으면 연구하기 어렵다는 점이 있지. 실제로 미라를 연구 자료로 제공했던 후손들이 연구 중인 미라를 도로 찾아가는 바람에 연구가 중단된 사례도 있다고 해. 조상들의 시신을 소중히 여기는 우리나라의 유교 문화가 우리의 소중한 가치 문화이긴 하지만, 미라를 통해 조상들의 생활과 문화를 연구하는 것 또한 후손들을 위해 가치 있는 일이 아닐까?

역사를 고스란히 품은 미라, 어떻게 만들어질까?

미라는 피부와 살이 썩지 않고 건조한 상태로 보존된 인간이나 동물의 시체를 말해. 사막이나 늪, 빙하와 같이 춥거나 건조한 환경에서 자연적으로 만들어지기도 하고, 인위적으로 만들어지기도 하지.

1. 춥고 건조한 환경

건조한 사막이나 얼음에 뒤덮인 지역에서 발견되는 인간이나 동물의 미라는 자연적으로 만들어진 거야. 자연적으로 만들어진 미라도 옛 시대와 문화에 대한 많은 정보를 주지.

2. 사람의 손으로 만들어진 이집트의 미라

'미라'라는 말은 미라를 만드는 데 쓰던 몰약의 이름에서 유래했어. 고대 이집트나 아즈텍, 잉카 문명 등지에서는 시신에 죽은 사람의 혼이 깃들어 있다고 믿어서 왕들을 미라로 만들어 안치했거든.

3. 우리나라 회곽묘에서 자연적으로 만들어진 미라

우리나라의 미라는 자연적으로 만들어진 거야. 우리나라에서 발견되는 대부분의 미라는 주로 회곽묘를 쓴 조선 시대의 것인데 회곽이 공기와 수분을 잘 차단한 덕분에 시신이 부패하지 않고 미라 상태로 보존될 수 있었던 거야.

회곽묘를 발굴하게 되었을 때 내관이 깨끗하게 보존된 상태라면 미라가 만들어졌으리라 예상하지. 이때는 훼손과 오염을 막기 위해 안전한 곳으로 옮기고, 온도와 습도 등이 미라를 훼손하지 않는 상태에서 조사해야 해.

사진 자료 제공

◆ **국립중앙박물관**
[중박 201206-3550]
빗살무늬 토기 22, 23, 27
조개탈 34
세형동검(한국식 동검) 42
초두 58
무령왕 묘지 83
부인대 은제 허리띠 97
철제 마면주 110
[중박 201206-3559]
황남대총 금관 97
천마도 장니 101
[중박 201207-3992]
돌낫 12
청동 방울 12
백제 금동대향로 68

◆ **국립공주박물관**
오수전 83
진묘수 83

◆ **국립김해박물관**
덩이쇠 109
철제 목가리개 111

◆ **국립부여박물관**
백제 금동대향로 출토 장면 63

◆ **국립해양문화재연구소**
수중 발굴 현장 117
신안선 유물 출토 현장 122

◆ **복천박물관**
복천동 철검 12, 111
복천동 갑주 111
동삼동 패총 유적 30

◆ **부산광역시시립박물관**
조개 팔찌 36
곰 모양 토우 35

◆ 서울대학교박물관
주먹도끼 9, 15
네 귀 나팔항아리 87
시루 92
오절판 92
철제 무기 93
등자와 재갈 93
철제 농기구(살포) 92
연통 93

◆ 안동대학교박물관
원이 엄마 편지 131
이응태 형의 부채 편지 134
〈아케올로지〉 2010년 3/4월호 133
〈내셔널지오그래픽〉 11월호 133
〈앤티쿼티〉 2009년 3월 표지 133

◆ 한신대학교박물관
말머리뼈 58
풍납토성 여 자형 건물터 58
대부명 토기 59

◆ 연합뉴스
풍납토성 주택지 풍경 57
무령왕릉 입구 74
신안선 목간 121
오산 회곽묘 미라 138
염습의가 들어 있는 내관 147

◆ 김우림 울산박물관장
오산 회곽묘 미라 143

◆ 블로거(oullim) 황영욱
무령왕릉 풍경 82

찾아보기

ㄱ

가야 108
거푸집 41, 69
구석기 시대 10, 12, 43
구제 발굴 53
국립문화재연구소 17, 52
국립중앙박물관 22, 31, 45, 81
그렉 보웬 10
김원룡 10
껴묻거리 46, 87, 95, 137

ㄴ

나팔입항아리 87
《내셔널지오그래픽》 133, 136

ㄷ

대부명 토기 56, 59
덩이쇠 108

ㄹ

룽취안 가마 115

ㅁ

마립간 97
마면주 110
매지권 76
목간 120
몽촌토성 85

무령왕릉 77
문화재관리국 71, 106, 115
민무늬 토기 24

ㅂ

박산향로 65
반감기 39
방사성 탄소 연대 측정 32, 39
백제 금동대향로 75
벽돌무덤 72
보루 88
보존처리 128
복천동 고분군 109
부인대 97
빗살무늬 토기 23, 31

ㅅ

사비 53
《삼국사기》 54, 76, 85, 88, 102
《삼국지》 118
3시대 구분법 11, 12
선사 시대 10, 21, 29
선사 주거지 21
세형동검 41
송산리 고분군 71
수중 발굴 115, 124
슐리만 61
시굴 13, 18, 31, 41, 145
신석기 시대 10, 12, 21, 27, 31
신안선 118, 121

실측 78, 124

ㅇ
아슐리안형 주먹도끼 14
아차산성 88
〈앤티쿼티〉 133, 136
여(呂) 자형 건물터 56, 58
염습의 141
영암 출토 거푸집 44
오수전 76, 83
웅진 53, 75, 85
원이 엄마 편지 130
위례성 54
을축년 대홍수 21
이응태 129, 137
임나일본부 112

ㅈ
조개탈 34
조개 팔찌 35
조선총독부박물관 24
존 데즈먼드 클라크 17
종장판갑 110
주먹도끼 9
지석 77, 83, 99, 137
지표 조사 13, 18, 41
진묘수 83, 137
찍개 15

ㅊ
천마도 101
천마총 101
철기 시대 11, 12, 42
철제 갑옷 112, 114, 115
청동기 시대 10, 12, 24, 43, 137

ㅌ
토우 35

ㅍ
풍납토성 51
패총 29

ㅎ
황남대총 95
회곽묘 139, 147

고고학 생생 노트
땅에서 찾고 **바다**에서 건진
우리 역사

1판 1쇄 2012년 7월 31일
1판 5쇄 2014년 12월 5일

글 김영숙
그림 송진욱
펴낸이 류종필
편집 김나영, 이다정
마케팅 김연일, 이혜지, 노효선

디자인 김진디자인
펴낸곳 (주)도서출판 책과함께
주소 서울시 마포구 서교동 444-17 5층
전화 02-335-1984
팩스 02-335-1316
전자우편 prpub@hanmail.net
블로그 blog.naver.com/prpub
등록 2003년 4월 3일 제25100-2003-392호

· 이 책의 저작권은 지은이 김영숙과 도서출판 책과함께에 있습니다.
  이 책의 내용을 이용하려면 저작권자와 출판사에게 모두 서면동의를 받아야 합니다.
· 잘못된 책은 구입하신 서점에서 바꾸어 드립니다.

이 도서의 국립중앙도서관 출판시도서목록(CIP)은 e-CIP홈페이지(http://www.nl.go.kr/ecip)와 국가자료공동목록시스템
(http://www.nl.go.kr/kolisnet)에서 이용하실 수 있습니다. (CIP제어번호: CIP2012003383)

ISBN 978-89-97735-07-5 73900